W0195375

Holger Noltze
World Wide Wunderkammer

Holger Noltze

WORLD WIDE WUNDERKAMMER

Ästhetische Erfahrung
in der digitalen Revolution

Bibliografische Information der Deutschen Nationalbibliothek

Die Deutsche Nationalbibliothek verzeichnet diese Publikation
in der Deutschen Nationalbibliografie; detaillierte bibliografische
Daten sind im Internet über http://dnb.d-nb.de abrufbar.

© Edition Körber, Hamburg 2020
Umschlag: Groothuis, www.groothuis.de
Covergestaltung und Illustration: Ralf Nietmann |
www.ralfnietmann.de
Herstellung: Das Herstellungsbüro, Hamburg |
www.buch-herstellungsbuero.de
Druck und Bindung: CPI – Clausen & Bosse, Leck
Printed in Germany

ISBN 978-3-89684-280-0

www.edition-koerber.de

Inhalt

Teil II: Neulandvermessung: Transformationen

Teil III: Was geht? Aussichten ins Freie

Vorwort

Der Gegenstand gebietet Bescheidenheit. Noch die Reklamation von Bescheidenheit kann prätentiös erscheinen: »Digitalisierung« ist das Signalwort einer Umwälzung, die wir leichthin eine Revolution nennen. Machen wir uns noch klar, was das ist, eine Revolution? Die Französische, die industrielle: alles mit sich reißend, gewaltsam, auf fast alle Lebensbereiche wirkend, unumkehrbar. Danach war immer alles anders.[1]

Mir scheint das Wort nicht zu groß gewählt, sondern unbedingt angemessen. Es gibt Gründe, anzunehmen, dass die Folgen der Digitalisierung noch wirksamer sind als etwa die der Industrialisierung. Diese Folgen sind komplex, wie die technischen Grundlagen komplex sind. Da ist Bescheidenheit angeraten, auch angesichts einer Diskurslage, in der sich eine breite, schweigend ratlose Mehrheit einem Expertenheer von Bescheidwissern gegenübersieht, Gurus, Warnern und Propheten. Ihr Geschäft ist die Reduktion von Komplexität, gleich ob es um das Internet als kürzeste Verbindung zu den letzten Tagen der Menschheit oder die Stimulation von Euphorien wegen baldiger Lösung aller Weltprobleme geht. Das Internet ist auch eine Maschine zur Hervorbringung und

Verbreitung von Glücksversprechen und Untergangspro-spekten jeder Art. Wer aber weiß wirklich Bescheid? – Wir, im Zuschauerraum, jedenfalls nicht, nie.

Der Gegenstand der folgenden Überlegungen ist nicht »die« Digitalisierung, aber das macht die Sache nicht übersichtlicher, das Unternehmen kaum weniger tollkühn. Denn auch die Eingrenzung auf die Frage, wie diese ungeheure Transformationsdynamik auf das ohnehin weite Feld der Hochkultur wirke, auf das, was wir im weiteren Sinn »ästhetische Erfahrung«[2] nennen wollen, macht das Unterfangen nur etwas weniger hoffnungs-los. Es scheint dem Verfasser aber wichtig. Er begibt sich ein wenig in Deckung vor allen Spezialisten, die ihm leicht spezialistische Unzuständigkeit vorwerfen kön-nen; er ist der Meinung, dass es, wenn die Verhältnisse nun einmal so liegen, wie sie liegen, des riskanten Blicks über die eigenen, immer zu engen Zuständigkeiten hin-aus bedarf, um besser zu verstehen, was vor sich geht. Es ist so viel.

Ich mag den Titel einer sehr knappen Einführung in die Philosophie, die der Amerikaner Thomas Nagel ver-fasst hat, *What Does It All Mean*; auf Deutsch wurde die Frage zum Motto einer kurzen Schriftenreihe mit kur-zen Texten über große Fragen: *Was bedeutet das alles?*.[3] Vermutlich jede Autorin, jeder Autor dieser Reihe, ich habe es nicht geprüft, beginnt die offensichtliche Kühn-heit, auf eine große Frage mit einem kleinen Buch zu reagieren, mit einer ehrenwerten Entschuldigung. Viel-leicht leihe ich mir da eine aus für dieses latent hybride Unterfangen.

Und das beginnen wir nun mit einer kleinen uner-hörten Begebenheit.

Katzenkinderbilder. Was noch?

Zu den wichtigen Pflichten von Führungspersönlichkei-ten gehört das Vorausschauen. Damit haben zumal die Direktorinnen und Direktoren der großen Medienunter-nehmen reichlich zu tun, und auch ihre Überforderung liegt in der Natur der Sache, da der Veränderungsdruck gerade auf die Medien so mächtig ist. Wirklich schwer zu sehen, was da kommt und auf sie zukommt. Kein Zeichen von Schwäche, nicht weiterzuwissen. Deshalb war es eine gute Idee, dass der Direktor eines großen deutschen öffentlich-rechtlichen Senders, für allerhand Radiopro-gramme verantwortlich, sich und ebenso seinen immer noch zahlreichen Kulturredakteurinnen und -redakteu-ren Rat holte. Eingeladen wurde handverlesen eine hete-rogene Schar von, so oder so, Expertinnen und Experten auf einem wohl besonders schwer übersichtlichen Teil des ohnehin vernebelten Feldes: Praktikerinnen und Pragmatiker, von anderen Medien, die zumindest das Narrativ, digital »gut aufgestellt« zu sein, gut platziert hatten, vom Reichweitenhimalaya von Spiegel Online bis zum schon wegen seines Schweizertums auf Distinktion gepolten Schweizer Radio und Fernsehen SRF.

Der Verfasser dieser Zeilen war eingeladen, um über die redaktionellen Möglichkeiten einer Online-Platt-form für klassische Musik zu berichten.[4] Wegen eines

Problems mit dem senderinternen WLAN im Konferenzraum konnte er seine Überlegungen nicht irgendwie
digital präsentieren, sondern nur zusammenfassend
davon sprechen. Der Eindruck wird wenig nachhaltig
gewesen sein, die Redakteurinnen und Redakteure nah-
men es hin, wer will es ihnen verdenken. Bei den Bei-
trägen der anderen Referentinnen und Referenten wurde mehr mitgeschrieben, wenn auch nicht viel gefragt.
Diese berichteten von ihren Erfolgen in der Umsetzung
digitaler Strategien. Eigentlich war nur von Erfolgen
die Rede, etwa davon, dass, wie und warum man mit
der konsequenten Anwendung von Regeln, die sich aus
ehernen Gesetzen und notwendigen Zusammenhängen
der Medienwirkungsforschung ableiten lassen, deutlich
mehr Klicks, längere Verweildauer, mehr Follower und
Likes erreichen konnte als jedenfalls die Kollegen vom
Schwesterprogramm und so weiter. Und wie habe man
das geschafft? – Es wurde still im Raum, die Redakteurinnen und Redakteure hielten sich bereit zum Mitschrei-
ben. Aha: Man muss ein Top-Team zusammenbringen.
Man muss von der Zielgruppe her denken. Vor allem:
Man muss sich von der eitlen Idee verabschieden, was
offline, als Printartikel oder lineares Radio oder Fernsehen, als wertvoller redaktioneller Inhalt gelte, sei deshalb auch geeignet, ein Online-Erfolg zu werden. Man
habe hier erstens strikt zu trennen. *Kill your darlings, kill
kill.*[5] Zweitens, sich an das Grundmuster von Erfolg im
Netz zu halten, und das geht etwa so: Orientiere dich an
dem, was funktioniert.

Es mag ein Trugbild der Erinnerung sein: Ich meine

mich zu erinnern, an dieser Stelle sei das Bild eines sü-
ßen Katzenbabys gezeigt worden. Folgte ein Ironiesignal?
Kam es zum Aufstand der öffentlich-rechtlichen Kultur-
zuständigen? Weder – noch. Das Katzenbaby, nun gut,
eine Zuspitzung um der Deutlichkeit willen, blieb als
Erinnerungsbild für die Teleologie einer Medienarbeit
auf der Höhe der Zeit stehen. Dem Beobachter schien
es als Menetekel, teuflisch-süß. Die Vorträge wurden
aufmerksam verfolgt, ohne Begeisterung, eher ratlos.
Auch der Beitrag, in dem ein Entscheider eines (anderen) Landesrundfunkunternehmens seine Entscheidung
begründete, eine beträchtliche Zahl von Planstellen im
linearen Programm zugunsten der Online-Verstärkung
zu verschieben. Wo die Haushaltsmittel begrenzt sind,
kann eine solche Maßnahme unausweichlich sein. Dem
Beobachter fehlten vielleicht Anzeichen des Bedauerns,
es ging dem Kollegen wohl eher um die Ausstellung einer
gewissen zeitgemäßen Rabiatheit. Man muss sich auch
mal vom Alten trennen. Kann weg. Die Frauen und Männer im Raum mochten kurz innehalten: Meint er etwa
auch uns? – Ein mit Blick auf die zumindest eigene Un-
kündbarkeit zu verscheuchender Gedanke.

Doch das Unbehagen lässt sich nicht verscheuchen.
Es liegt tiefer begründet in der Furcht davor, dass die
digitale Revolution ein Angriff auf die *Raison d'Être* des
öffentlich-rechtlichen Systems ist, für den man nicht gut
gerüstet ist. Es ist vertrackter als alle Anfechtungen der
Vergangenheit, wie die Infragestellung durch das Privat-
fernsehen seit den 1980er Jahren. Mit Politik und Populismus, auch mit dem europäischen Wettbewerbsrecht

Viel hilft viel

wusste und weiß man im Sinne des Existenzerhalts umzugehen, irgendwie. Aber das hier ist toxisch. Denn es
erweist sich, und an diesem Tag im Konferenzraum des
großen Senders dämmerte es auch den Verdrängungs-
experten: Auf das Dilemma zwischen, überspitzt gesagt,
Kulturauftrag und Katzenbild sind »ins Netz gestellte«
Berichte über Kulturereignisse welcher Art auch immer
selbst dann keine Antwort, wenn sie mit einem Katzen-
kinderbildchen *angeteast* werden.

Es ist komplizierter. Über das Unbehagen in den Re-
daktionsfluren der öffentlich-rechtlichen Sender darf
man sich sorgen, auch ein wenig mit Blick auf die Ar-
beitshaltung seiner Angestellten, die von der Gesellschaft dafür unterhalten werden, eine informationelle
und kulturelle »Grundversorgung« zu gewährleisten, die
nicht den Konvergenzgesetzen des Marktes unterworfen

sein sollte. Wie, auf ihrem Feld, die Universitäten. Wie einmal die Kirchen. Es zeigt sich, dass die Anpassung an den so diffusen wie mächtigen Markt – bestens begründet mit der Notwendigkeit, ein Publikum erreichen zu müssen, das sich an grellere Reize der privaten Konkurrenz, an immer noch mehr Sport und Quiz gewöhnt hat – zu einer Ent-Schärfung des öffentlich-rechtlichen Profils geführt hat, was wiederum eine empfindliche Legitimationsproblematik zur Folge hat. Und das gerade zu einer Zeit, in der die eigenen Kernprodukte: lineare Radio- und Fernsehprogramme, sich das Aufmerksamkeitsbudget des Publikums mit Online- und On-Demand-Angeboten aller Art teilen müssen.

Die Krise der Institutionen, keineswegs nur des öffentlich-rechtlichen Rundfunks, als Teilphänomen der neuen »Kultur der Digitalität«[6] wird noch ein Thema sein. Was hier folgt, sind Überlegungen zu einem speziellen Aspekt der Digitalisierung, nämlich: Was macht das Internet mit dem »guten Inhalt«, wie verändern Streaming, Gleichzeitigkeit, Verfügbarkeit, Verlinkung usw. die Modi ästhetischer Erfahrung? Dass dies eine sehr spezielle Themenstellung ist, scheint nur so. Das größere Bild zeigt hier ein gleich ganz großes, denn es zielt auf die Frage, ob der Logik des Katzenkinderbildes etwas entgegenzusetzen ist.

Die These: Wir haben das Internet als Ort und Medium ästhetischer Erfahrung noch nicht verstanden. Es wird alles und massenhaft online gestellt, aber im Grunde sind wir »digital doof«[7]. Und überlassen aus Überforderung, Bequemlichkeit und Ignoranz den *Clickbait-*

Populisten und selbsternannten Web-Gurus das Feld, auf dem sich gerade entscheidet, was wir wo und wie in Zukunft zu sehen, hören, lesen bekommen. Auf jeden Fall Katzenkinder. Was noch?

Immer weiter: Leichtigkeitslügen

Das Buch schließt, was seine Perspektive und sein Vorgehen betrifft, an *Die Leichtigkeitslüge* an.[8] Untersucht wurden die Felder Bildung, Medien, Kulturbetrieb. Diesen drei Systemen ist gemeinsam, dass sie mit der Weitergabe und Distribution von Inhalten beschäftigt sind. Was den Inhalt »Kultur« (Kunst, Literatur, Musik vor allem) angeht, war die Idee, vergleichend zu beschreiben, was (aus meiner Sicht) in diesen Systemen vor sich geht, die sich, erste Überlegung, sehr viel stärker denn je aufeinander beziehen und sich beeinflussen; zweitens: in denen, was den Inhalt betrifft, eine Dynamik der Entdifferenzierung wirkt.

Festgestellt wurde eine gelegentlich schon hysterische Abwehrhaltung in Medien, Kulturjournalismus, Universität dagegen, komplexe Phänomene als solche zu begreifen, ihre Analyse zur Grundlage einer auf Differenzierung zielenden Kritik zu machen. Damit kam auch in den Blick, was doch, wenn wir es mit schwierigen Gegenständen und Fragen zu tun haben, nötig wie nie wäre: Vermittlung nämlich – an deren (uninspirierter) Beschaffenheit und (mutlosem) Anspruch sich meine Kritik vor allem festmachte.

Das Buch hat seinen Weg als Diskussionsbeitrag in einem schwierigen, von allerhand Ideologien und alten Gewissheiten und Verteidigungslinien umstellten Feld gemacht. Es hagelte Zustimmung wie Kritik, aber offenbar war die Frage wohl nicht falsch gestellt: wie wir unter neuen Bedingungen (Globalisierung, Ökonomisierung, Digitalisierung, Bildungskrise) mit solchen Gegenständen umgehen, die sich nicht einfach vermitteln oder vermitteln lassen, weil sie komplex sind, sich dem leichten Zugang verschließen, weil sie Zeit fordern, Bemühung, Ausdauer. Es gab auch ein paar Missverständnisse. So wurde *Die Leichtigkeitslüge* gelegentlich als eine grundsätzliche, das Kind mit dem Bade ausschüttende Vermittlungsverdammung gelesen; die Kritik zielte aber auf schlechte Vermittlung, auf die Beschwörung von Vermittlung als eine Art Legitimationsmantra, das in unguter Praxis regelmäßig nichts anderes meint als Vereinfachung. Meine Kritik: Die Bereitschaft, sich über das eigene Vermittlungsengagement zu begeistern, steht oft in keinem angemessenen Verhältnis zu dem, was denn inhaltlich zu vermitteln wäre. Beklagt wurde ein Mangel an Ambition, es besser zu machen, obwohl man es doch besser wissen kann.

Zweites Missverständnis: dass, wer kritisiert, immer auch sagen müsste, wie es denn besser ginge, wo denn die Rezepte für eine gute, dem Gegenstand nämlich angemessene Vermittlung blieben? – Nun finde ich die Verbindung von Kritik und Besserwissen keineswegs zwingend und dahingehende Erwartungen gar nicht unbedingt sinnvoll. Davon abgesehen hätte, wer das Buch

womöglich nicht schon nach der Hälfte beleidigt zuge-
klappt hatte, am Ende sehr wohl ein paar Vorschläge für
Wege aus der Leichtigkeitsfalle entdecken können, etwa
den, festen und schlichten Rezepten zu misstrauen und
die Kriterien und Methodik der Vermittlung aus der Einzigartigkeit des Gegenstands selbst zu entwickeln – Vermittlung mithin selbst als Kunst zu begreifen.

Drittes Missverständnis: dass die vorgeschlagene
Komplexitätstoleranz, verstanden als der gelassenere
Umgang mit dem, was sich nicht auf den ersten Blick
erschließt, als das Eingeständnis der Möglichkeit, dass
eine ästhetische Erfahrung (oder der Weg dahin) auch
anstrengend sein, andersherum die Anstrengung als Kriterium wertvoller Kunst behaupten wolle. Da gab es auch
Beifall von ungewünschter Seite. Mir schien allerdings
sinnvoll, darauf hinzuweisen, dass, wo alles zu seinem
Recht kommen soll, es ein Recht von Kunst ist, anstrengend sein zu *können*, uns etwas abzuverlangen. Nicht: Je
mehr wir schwitzen müssen, desto größer die Kunst. In-
teressanterweise aber wurde schon die schlichte Thema-
tisierung einer Art von Vertikale, von Unterschieden im
Sinne eines Mehr und Weniger, und dass nicht alles und
jedes auf gleicher Bühne zu verhandeln sei, gelegentlich
als Provokation gesehen.

Man mag dies also als »Der Leichtigkeitslüge zweiter Teil«
lesen, zehn Jahre danach und jetzt mit dem Fokus auf
die Digitalisierung, die damals natürlich schon vorkam,
deren Dynamik auch kein Geheimnis war, deren Folgen
fürs große Ganze wie für den uns interessierenden As-

pekt der ästhetischen Erfahrung von heute aus gesehen aber neu betrachtet werden muss. Wieder ist der Ansatz eine Kritik: Kritik nämlich eines »doofen« Umgangs mit den Möglichkeiten der Digitalisierung, auch an der nimmermüden Bereitschaft, sich auf vermeintliche Patentrezepte zu verlassen (Guru-Glaube, allmächtige Algorithmen und immer so weiter), zugleich mit Blick auf die Chancen, die hier vielleicht für die Vermittlung und Rezeption komplexerer Gegenstände schlummern. Denn die Botschaft lautet positiv: Lasst uns genauer herausfinden, was das kann. Genauigkeit heißt: nicht technikeuphorisch zu verblöden, sondern en détail schauen, was die neuen technischen Möglichkeiten für die ästhetische Erfahrung bedeuten. Beethovens *Eroica* hören im MP3-Format durch Miniohrstöpsel: Ist es ein Frevel, eine Unmöglichkeit? Eine Möglichkeit? – Also: »Was bedeutet das alles?«

Die Lage. Der Wandel des Wandels. Dynamit

Seit dem Jahr 2013 ist auf YouTube ein Drei-Minuten-Video[9] zu sehen, dessen Brisanz sich mindestens auf den zweiten Blick erschließt. Es zeigt Andrew McAfee, einen Wirtschaftswissenschaftler am MIT, er spricht über die Entwicklungsdynamik des Internets. (Verrückterweise hat das Rechtschreibprogramm meines Notebooks gerade das Wort Dynamik in Dynamit geändert. Oder war es das Unterbewusste?) Die Feststellungen dieses Experten für Digitalwirtschaft enthalten eine gewaltige Sprengkraft. Dabei erzählt er eine sehr alte Geschichte. Es ist die von der Erfindung des Schachspiels, die den indischen König so erfreute, dass der Erfinder einen Wunsch frei hatte. Er wünschte sich, man wird sich vielleicht erinnern, etwas Reis, nämlich ein Korn auf dem ersten der 64 Schachfelder, zwei auf dem zweiten, vier auf dem dritten und so weiter. McAfee erzählt, wie dem König von Indien das als eine bescheidende Bitte erschien; wie er aber erkennen musste, dass schon bei der Hälfte der Felder ein wahrer Mount Everest von Reis zusammenzubringen war. Der kluge, vielleicht allzu kluge Schacherfinder wurde geköpft, aber das ist hier nicht die Pointe. Sondern die Übertragung dieser Mengenrechnung auf die Entwicklung von digitalen Innovationen. McAfee bezieht sich dabei auf das 1965 aufgestellte Moore'sche Gesetz über die Leistungskurve von Computerchips. Die ist bekanntermaßen steil; Gordon Moore aber ging von einer Verdopplung der IT-Potenz in einem Zeitraum von anderthalb bis zwei Jahren aus. Was die Entwicklung bis heute angeht, lag Moore mit seiner Einschätzung ungefähr richtig, begleitet wurde sie von einem Preisverfall von Speicherkapazitäten. Um ein Gigabyte Daten zu speichern, musste man 1980 annähernd eine halbe Million Dollar aufwenden; 2010 waren es zehn Cent, heute nur noch ein Bruchteil davon.[10] Ob die Geschichte nun immer genauso weitergeht, ist durchaus umstritten, doch das dämpft die Explosivität des Vergleichs nur ein wenig. Der Forscher, der in diesem Video im Auftrag eines großen IT-Beratungsunternehmens spricht, nennt als wichtige Landmarke das Jahr 2006, als den Moment, in dem wir die zweite Hälfte des Spielbretts erreicht haben. Seitdem haben wir die Einführung der mobilen Endgeräte Smartphone und Tablet erlebt, den Aufstieg der Social Media, gewaltige Fortschritte beim autonomen Fahren, bei automatisierten Produktionsverfahren und noch jede Menge mehr.

Selbst wenn man eine künftig deutlich abgeflachte Kurve der IT-Dynamik annimmt; selbst wenn der Puls der Innovation nur noch halb so schnell oder noch langsamer schlagen würde: Es kann einem dennoch schwindlig werden schon bei der Vorstellung, die heutigen technischen Kapazitäten würden sich in ein paar Jahren verdoppeln und dann noch einmal und weiter so. Rasante Rechengeschwindigkeit, mächtige Speicherkapazitäten als Basis von immer intelligenterer Künstlicher Intelligenz. Zugleich: die kaum mehr begrenzten und begrenzbaren Möglichkeiten des Tracking von jedem und allem, der immer genaueren Kombination und Analyse von Daten, der Überwachung, Kontrolle, Steuerung. Darauf geht der MIT-Entwickler gar nicht ein, er fasst das Ganze ganz einfach zusammen: *»We haven't seen anything yet.«*

Wir haben noch nichts gesehen – und doch schon so viel, dass Überforderung als eine Grundbefindlichkeit des frühen 21. Jahrhunderts gelten kann. Was bisher geschah: nichts im Vergleich zu dem, was noch kommen wird und was wir noch erleben werden. Der Mann vom MIT wirkt nicht überfordert, nicht gestresst, aber auch nicht euphorisch. Gelassenheit mag kein Fehler sein im Umgang mit explosiven Gegenständen.

Dämmerung

Es dämmert einem: Das geht nicht mehr weg. Das Internet, Wurzelwerk und Allverknotungsstruktur der Digitalisierung, ist der gewaltigste, zugleich umfassendste Treiber von Wandel und Veränderung seit, sagen wir: der Erfindung der Dampfmaschine. Entschieden umfassender sogar. Es taktet unseren Alltag, formiert unsere Kommunikation, beruflich und privat. Es verändert alles und (annähernd) jeden. Medien. Ökonomie. Industrie. Bildung. Auch, schleichend, das Privatleben, das Zwischenmenschliche. Alles. Was wir schon auf den frühen Feldern der ersten Schachbretthälfte erlebt haben: das Versprechen auf eine universelle Kommunikationsgemeinschaft, auf allgemeine Informationsteilhabe. Das Versprechen auf schnellen Reichtum. Die Bildung neuer Monopolstrukturen. Daten als neue Weltwährung. Die Allverfügbarkeit von Inhalten, die zu *content* geworden sind.[11]

Und doch ist das alles immer noch sehr »Neuland«. Insofern war der Spott, der die deutsche Kanzlerin traf, als sie das Wort wagte,[12] etwas ungerecht; er kam anzunehmenderweise von denen, deren Blick auf die neuen Medien ihnen selbst als Durchblick erscheint, wo sie doch über die von klugen Entwicklern für sie bestimmten Benutzeroberflächen kaum weiter zum Verständnis weder der Sache selbst noch der erheblichen Implikationen und weiterer Zusammenhänge gelangen. Wie gesagt: zu viel Pseudo-Checkertum, zu wenig Demut.

Wenigstens eine Ahnung von den Dimensionen und

Folgen der Digitalisierung kann der Schweizer Medienwissenschaftler Felix Stalder vermitteln. Das größere Bild zeigt eine gesellschaftliche, medien-, sozial- und mentalitätsgeschichtliche Entwicklung, die sich bis in das weit vordigitale 19. Jahrhundert zurückverfolgen und anhand der Erosion etablierter Institutionen und alter Gewissheiten beschreiben lässt.[13] Sie begann langsam und erfuhr durch das Internet, dessen Geschichte als Massenphänomen um das Jahr 2000 einsetzt, eine exponentielle Beschleunigung: »[…] immer weitere Dimensionen der Existenz werden zu Feldern der kulturellen Auseinandersetzungen, und soziales Handeln wird in zunehmend komplexere Technologien eingebettet, ohne die diese Prozesse kaum zu denken und schon gar nicht zu bewerkstelligen wären. Die Anzahl konkurrierender kultureller Projekte, Werke, Referenzpunkte und -systeme steigt rasant an, was wiederum eine sich zuspitzende Krise der etablierten Formen und Institutionen der Kultur ausgelöst hat, die nicht darauf ausgerichtet sind, mit dieser Flut an Bedeutungsansprüchen umzugehen.«[14] – Institutionen, deren Stabilität auf der Deutungsmacht und Setzungskraft dessen, was gelten soll, gründet, sahen und sehen sich immer mehr und lautstärker konkurrierenden Projekten und Ansprüchen ausgesetzt.

Ein Beispiel aus der hier besonders sinnfälligen Mediengeschichte. Deutsches Fernsehen, das war einmal ein Programm für alle, dem 1963 ein Zweites Deutsches Fernsehen an die Seite gestellt wurde, bevor das alte »Erste« dann die »Dritten« gebar, zuständig fürs Regionale und die Kultur, die im Kampf der populäreren Rivalen Erstes und Zweites nicht mehr im Weg stehen sollte. Deutsches Fernsehen, das war einmal das Lagerfeuer der großen Samstagabendunterhaltung, in der ein Charmeur der alten Schule anzügliche Bemerkungen zu jungen Damen machte und unzensiert Goethe-Zitate und allerhand bildungsbürgerliche Referenzen austeilte.[15] In Quizshows wurden Detailkenntnisse aus Shakespeare oder den Wissensgebieten Operette, Geografie, römische Geschichte oder griechische Mythologie abgefragt, und hinter aller heiteren Form und Fassade waren das *res severa*, ernste, unhinterfragte, weil seinerzeit unhinterfragbare Angelegenheiten. An diese Burg fester Gewissheiten legte 1982 die Öffnung des Mediums Fernsehen für privat-kommerzielle Konkurrenz einen aus Sicht der etablierten Öffentlich-Rechtlichen verheerend wirkenden Sprengsatz. Was geschah: Die Privaten sendeten, was bis dahin ausgeblendet war. Sie entdeckten, nach ein paar Jahren des Biedersinns,[16] den Tabubruch (nackte Brüste, sinnfreie Albernheit, Einblicke in die Seelen- und basale Bedürfnislage sozialprekärer Menschen, Käferessen, Verletzung von Intimität und Würde, öffentliche Demontage von »Stars«, die Liste ist bekanntermaßen weit länger) als Erfolgsprinzip und scharfe Waffe gegen das alte System. Dieses reagierte zunächst arrogant, bald aber verunsichert, und es reagierte nicht durch Schärfung und Reform seines, des öffentlich-rechtlichen Programmauftrags im Sinne einer klaren Unterscheidbarkeit, sondern begegnete dem anderen mit vielerlei Choreografien der Konvergenz. Man näherte sich an, probierte sich im Populären und konnte doch weniger wagen. Die Resultate fielen meist, wenig verwunderlich, eher lauwarm aus. Künftig musste man sich einen Markt teilen und konnte, etwa im Milliardenpoker um die Rechte am wertvollsten Gut des linearen Fernsehens, dem Fußball, noch mitspielen, weil die Kriegskassen aus Gebühreneinnahmen berechenbarer sind als Werbeetats, die bald zu einem erheblichen Teil ins Internet wanderten.

Die Zeitrafferperspektive zeigt beispielhaft die Erosion institutioneller Macht. Die Geschichte ließe sich so ähnlich auch über die alten Parteien oder die Post erzählen. Sie ist, noch in der Verkürzung, lehrreich, weil sie zeigt, wie der Transformationsdruck auf die alte Welt schon weit vor dem Durchbruch des Internets zu wachsen begann, mit der Jahrtausendwende und durch das neue Medium aber förmlich explodierte. Das WWW war eben nicht ein neuer Konkurrent auf dem Markt, den man so oder so bekämpfen kann. Das Internet hat eine vollkommen neue Umgebung geschaffen, in der die großen Institutionen (alle: Staat, Medien, Konzerne, Kirchen, Parteien, Verbände) sich herausgefordert sehen, mit einem Medium umzugehen, das mehr als alle früheren Medieninnovationen selbst zum zentralen Akteur geworden ist. In fast jeden Bereich greift dieser mächtige Mitspieler verändernd ein, privat und nichtprivat, durch die großen Plattformen und durch eine massive ökonomische Verschiebungsdynamik: Es gibt neue Kuchen (Geschäftsmodelle), und die bestehenden werden anders verteilt.

Gewinner in der Aufmerksamkeitsökonomie, Rezo, 2019

Auch die Torte politischer Macht: Im Europawahlkampf 2019 sorgte ein annähernd einstündiger kritischer Monolog des *Youtubers* Rezo über die CDU für eine empfindliche Ohnmachtserfahrung nicht nur der C-Parteien in Deutschland. Denn das mit quasi null Aufwand, viel Wut und einiger Cleverness produzierte Video[17] erreichte in kürzester Zeit ein Publikum, das erstens mehrere Millionen zählte, zweitens jung war und drittens zu einem erstaunlichen Anteil offenbar länger als drei Minuten Aufmerksamkeit für parteipolitische Fragen aufzubringen bereit und in der Lage war. Die Behauptung sei gewagt: Eine vergleichbare Wirkung hätte von keiner PR-Agentur mit beliebigem Budget erzielt werden können. Der Moment des Schocks beleuchtete blitzartig die Schwäche der alten Akteure: Man schenkt seine Aufmerksamkeit lieber einem 27-jährigen Webblogger als Politikern, die immer neu um Vertrauen auf eine

Problemlösungskompetenz werben, die sie in der Vergangenheit schon reichlich hätten nachweisen können, aber nicht nachgewiesen haben. Da hatte Rezo einen Punkt. Wie die junge Umweltaktivistin Greta Thunberg, die in kürzester Zeit die *Fridays for Future*-Bewegung angestoßen hat und schnell zu einer Stimme wurde, der man auf Klimakonferenzen und Wirtschaftsgipfeln sehr genau zuhört. Rezo und Greta sind Personifizierungen des dramatischen Strukturwandels der kommunikativen Machtverhältnisse, den das Internet bewirkt. Darin steckt der Aspekt der Selbstermächtigung, hier: der Kritik einer jungen Generation am desaströsen Zukunftsmanagement der Alten. Gehört werden wollen aber auch alle anderen, und nicht alle sind so sympathisch wie die freitäglichen Unterrichtsboykotteure im Namen von Umwelt und Klima.

Nehmen wir als weiteres Beispiel den besonders komplizierten Genderdiskurs. An der Geschichte des Feminismus und der Gay-Pride-Bewegung lassen sich die Dynamiken der Selbstermächtigung noch recht übersichtlich studieren. Was aber ist mit den Interessen und Implikationen derer, die sich, jenseits der Heteronormativität, anderen oder gar keinen Gruppen zugeordnet fühlen?[18] Die Frage, wie man sichtbar wird mit dem eigenen So-Sein, ist älter, uralt, doch erst die Möglichkeiten des Internets, jeder Nische ihren kommunikativen Raum der Verständigung und zugleich ein Potenzial auf Massenwirksamkeit zu geben, haben das Spiel fundamental verändert – zuungunsten der alten Spieler, ein wenig zugunsten der neuen Akteure, die ihren Raum finden, bekanntermaßen aber vor allem sehr zugunsten der neuen Monopolisten: den Plattformen und Entscheidern über die Algorithmen, die eine Ordnung in die Unübersichtlichkeit der totalen Gleichzeitigkeit von allem bringen. Es ist eine fundamental neue Ordnung. »Die alten Ordnungen, in denen kulturelles Material bisher gefiltert, organisiert und zugänglich gemacht wurde – Kulturindustrien, Massenmedien, Bibliotheken, Museen, Archive usw. –, können diesen Strom weder im Kleinen noch im Großen kanalisieren. Sie fungieren kaum mehr als Gatekeeper zwischen den Bereichen, die einst mit ihrer Hilfe als ›privat‹ und ›öffentlich‹ definiert wurden. Immer weniger entscheiden sie darüber, was als wichtig zu gelten hat und was nicht. Ihre über lange Zeiträume relativ verbindlichen und prägenden Ordnungen verlieren in der Praxis rapide an Bedeutung, nachdem ihre Legitimation bereits durch jahrzehntelange Kritik infrage gestellt worden war«, fasst der Kultur- und Medienwissenschaftler Stalder zusammen.[19]

Angesichts dieser tatsächlich revolutionären Transformationsdynamik kann einem die Beharrlichkeit, mit der viele der großen Spieler der alten Welt an den real zerbröselnden Gewissheiten und zunehmend sinnlos erscheinenden Handlungs-Choreografien festhalten, schon bemerkenswert traumtänzerisch vorkommen. Vielleicht ist es mit der erwähnten Überforderung zu erklären: Man weiß es nicht anders, und wo der Veränderungsdruck die eigenen Fundamente erfasst, hält man sich ans Gewohnte, Gelernte, irgendwann einmal richtig Gewesene.

Schauen wir uns um im digitalen Raum, mit dem Fokus auf den uns interessierenden Sonderbereich der ästhetischen Erfahrung. Damit soll hier die Möglichkeit gemeint sein, Kunst, den Künsten – den bildend-materiellen, den literarischen, den musikalisch-performativen vor allem – im WWW zu begegnen. Es soll nach der *qualitativen* Dimension dieser *quantitativ* bereits alles bis dahin Vorstellbare sprengenden Möglichkeiten gefragt werden. Ausgegangen werden soll von der Annahme, dass der Horizont dessen, was in den neuen Erfahrungsräumen des Digitalen möglich wäre, immer noch erst schemenhaft erkennbar ist. Das weltweite Netz kann, dies die Vermutung, so viel mehr, als uns auf den ersten und zweiten Blick geboten wird. Warum wir (noch) so kurzsichtig sind, lässt sich aus den zuvor skizzierten strukturellen Beobachtungen ableiten: Wir befinden uns immer noch in der digitalen Frühzeit. Und die alten Akteure auf neuländischen Plattformen handeln unter den beschriebenen Druck- und Begrenzungsbedingungen: Es fehlt oft an Budgets, sehr oft an technischem Verständnis, fast immer an Mut und Einfallsreichtum, das Neue wirklich zuzulassen. Die digitale Welt nicht nur als Bedrohung des Bestehenden wahrzunehmen. Sondern als das, was sie auch ist oder sein könnte: eine Wunderkammer.

Digitale Kabinette

Am Bild der Wunderkammer gefällt mir wohl die Vorstellung einer gescheiterten Ordnung. Die Kunst- und Naturalienkabinette des 14. und der folgenden Jahrhunderte trugen ja zusammen, was immer des Staunens und der Bewunderung wert war, gleich ob Artefakt oder Naturwunder. Straußeneier neben Elfenbeinschnitzerei, Prunkpokalen, Schrumpfköpfen. Unter der Decke von Goethes Naturalien-Sammlungszimmer hing ein Krokodil, Objekt leisen Grusels, Teil seines bis heute faszinierenden Versuchs, sich von irgendwie allem in der Welt ein Bild zu machen. Die gut erhaltene Wunderkammer der Francke'schen Stiftungen in Halle gibt einen Eindruck des geordneten Durcheinanders, einer für unsere aufgeklärten Augen rührend vergeblichen Bemühung, die Dinge der Welt in einen sinnvollen Zusammenhang zu setzen. Was, wenn wir aufhörten, das grandios ungeordnete Nebeneinander der Verfügbarkeit von ALLEM, wie es das World Wide Web bietet, als Bedrohung wahrzunehmen, als einen letztlich aggressiven Appell, bitteschön auch alles zur Kenntnis zu nehmen? Sondern, da wir vor der Überfülle ohnehin kapitulieren müssen, die beängstigende Vorstellung einer permanent uns anschreienden grenzenlosen Welt der Angebote und Wahlzwänge (womit beschäftige ich mich, was nehme ich zur Kenntnis, was nicht) zu ersetzen durch die unseren rezeptiven Kapazitäten zuträglichere Idee der Wunderkammer, in der wir die Fülle des Verschiedensten nebeneinander zulassen, ertragen, womöglich genießen

Wunderkammer mit Krokodil: Die Studierstube von Petrosilius Zwackelmann, links der Räuber Hotzenplotz

können, eben weil sie freundlich begrenzt erscheint: als Kammer?

»Wunderkammer« ist ein essentiell unheroisches, dem Alles! Immer! Jetzt! widerstehendes Konzept einer Balance zweier sich im Grunde ausschließender Aspekte. Denn »Wunder« sind ja gerade das, was über die

Wände jeder »Kammer« hinausgeht, »erden wunsches überwal«,[20] wie es Wolfram von Eschenbach zu Beginn des 13. Jahrhunderts im *Parzival*-Roman über das obskure Wunsch-Objekt des Grals formuliert: das, was alles Wünsch- und überhaupt Vorstellbare überschreitet. Darin steckt einerseits Verlockung, andererseits etwas Furchtbares, denn permanente Überwältigung strapaziert die Fähigkeit, mit dem umzugehen, was uns alles möglich erscheinen lässt. Das große Blockbuster-Kino kann uns mit den scheinbar unbegrenzten Möglichkeiten der digitalen Bildbearbeitung praktisch alles vor Augen stellen, die Überschreitung der physikalischen Gesetze, ja der Grenze zwischen Leben und Tod: Während des Drehs gestorbene Schauspieler können virtuell reproduziert ihre Rolle zu Ende spielen;[21] die unwahrscheinlichsten Fantasien können visuell beglaubigt werden: *erden wunsches überwal*, im Schönen, vor allem im Schrecklichen. Der Effekt der extremen Special Effects ist deshalb, dass wir in Deckung gehen, wegschauen, -hören, -fühlen. Ein Vorgang der selbstschützenden Anästhesie.

So scheint die digitale Überforderung beides zu stimulieren: Überwältigung im Sinne einer latenten Ohnmachtserfahrung *und* anästhetische Abstumpfung, weil unsere rezeptiven Kapazitäten überschritten werden. Beides ungut. Die Vorstellung einer virtuellen Wunderkammer wäre ein bescheidener Vorschlag, sich auf die Wunder und Möglichkeiten der digitalen Welt einzulassen, indem wir sie auf im Maß einer selbst entworfenen »Kammer« einzuhegen lernen. Wir brauchen wohl auch

»Wände« – und sollten uns zugleich die Option offenhalten, durch Wände gehen zu können. Um solche Kunststücke soll es am Ende gehen. Zuvor wollen wir uns umschauen, wo wir sind.

TEIL I

Kritik der digitalen Dummheit

»Kurz, er versenkte sich so tief in die Bücher, dass er über ihnen die Nächte vom letzten bis zum ersten Licht und die Tage vom ersten bis zum letzten Dämmer verlas, und der knappe Schlaf und das reichliche Lesen trockneten ihm das Gehirn ein, so dass er den Verstand verlor. Sein Kopf bevölkerte sich mit dem, was er in den Büchern fand, mit Verzauberungen und Turnieren, mit Schlachten, Fehden, Blessuren, Liebesschwüren, Amouren, Herzensqualen und anderem abwegigen Unfug.«

MIGUEL DE CERVANTES:
DON QUIJOTE VON DER MANCHA (1605)

Für Kinder: nicht!

Ein Kulturkampf ist im Gang, die Kombattanten stehen sich unversöhnlich gegenüber. Gekämpft wird um die Flughoheit über den Kinderzimmern, das erklärt die Unversöhnlichkeit, denn wenn es um das Wohl der Kinder geht, wird kaum Pardon gegeben. Dass die Auseinandersetzung über die Frage, was die Digitalisierung in den Hirnen, den Körpern und im Leben der Menschen bewirkt, was sie anrichtet oder wozu sie inspiriert, mit dem

Fokus auf dem Nachwuchs geführt wird, ist kein Zufall, denn der Kampf um den kindlichen Kopf ist natürlich der um unsere Zukunft. Da kann und soll man sich sorgen. Und gewarnt wird gern, in Deutschland zumal, wo man eher nicht nur die Vorteile einer Sache sieht.

Wenn Gerald Lembke und Ingo Leipner in *Die Lüge der digitalen Bildung. Warum unsere Kinder das Lernen verlernen* ihre Überlegungen als »Kontrapunkt zum vorherrschenden Digital-Diskurs«[1] verstehen, ist das eine überraschende Wahrnehmung, denn tatsächlich lassen sich ihre Thesen in den Mainstream der Digitalisierungskritik einordnen. Deren Savonarola ist der Hirnforscher und Bestsellerautor Manfred Spitzer, dessen Erkenntnisse über die Folgen des Digitalen sich bündig so zusammenfassen lassen: Es macht dick, dumm, dement, depressiv. Zumal die Nutzung von Social Media bedeutet für Spitzer den direkten Weg in den Untergang der Menschheit: »Mangelnde Selbstregulation, Einsamkeit und Depression sind in unserer modernen Gesellschaft die wichtigsten Stressoren. Sie bewirken das Absterben von Nervenzellen und begünstigen damit langfristig die Entwicklung einer Demenz. Bei unseren Kindern kann die Ablösung echter zwischenmenschlicher Kontakte durch digitale Online-Netzwerke langfristig mit einer Verkleinerung ihres sozialen Gehirns verbunden sein. Langfristig besteht die Gefahr, dass Facebook & Co zur Schrumpfung unseres sozialen gesamten Gehirns führen werden.«[2] Wie man sich so ein »Gesamtgehirn« vorstellen soll, wird nicht recht klar, aber natürlich geht es ums Große, Ganze und Gesamte. Spitzers Thesen zum

Untergang des Denkens und damit der Bildung haben alle Zutaten eines Horrorfilms: deformierte Hirne überall, unaufhaltsam. Bloß wie eine Bildung verfallen soll, die es, so das Panorama des Schreckens, doch gar nicht mehr geben dürfte, bleibt rätselhaft. Der Mann ist in ernster Sorge, so viel ist klar, und sammelt Argumente, wo immer sie sich finden: »Googelt man die Stichwörter ›digitale Demenz‹ bzw. ›digital dementia‹, dann erhält man in etwas weniger als einer Fünftelsekunde etwa 8000 und auf Englisch 38 000 Einträge.«[3] Das ist dann, zum Erweis der Validität der eigenen These, schon ein wenig lustig. Auf der gleichen Seite wird ja das *Googeln* als Gegenteil von »selbst denken, speichern, überlegen« gegeißelt. »Neue Medien haben wie Alkohol, Nikotin und andere Drogen ein Suchtpotenzial. Computer- und Internetsucht sind hierzulande mittlerweile häufig auftretende Phänomene mit verheerenden Folgen für die Betroffenen.«[4]

Das ist ohne Zweifel schlimm, nur war die Suchtpolizei immer schon mit erhöhter Wachsamkeit auf Streife, wenn neue Medien auf den Plan traten. Ein verarmter Landjunker aus der Mancha verwechselt aufgrund von zweifellos suchthaftem Konsum von Ritterromanen Fiktion und Wirklichkeit, hält Windmühlen für Riesen und wird von der Wirklichkeit dafür wiederholt schmerzhaft bestraft: Anfang des 17. Jahrhunderts machte Miguel de Cervantes daraus ein ironisch-exemplarisches Meisterstück für eben das Medium, dessen üble Wirkungen doch höchst komisch vor die Augen seiner Leserinnen und Leser geführt wurden, die sich süchtig lasen an den

Abenteuern dieses Don Quijote. Heute wäre man froh, mehr Menschen läsen Cervantes, es geht eben immer noch schlimmer. »Ein Computer zu Hause führt zu schlechteren Schulleistungen«[5] – derlei Zuspitzungen klingen ungut nach Teufelsaustreibung, denn das Ding muss natürlich weg, wenn das familiäre Gesamtgehirn noch eine Chance haben soll.

Im Vergleich zu Spitzers am Ende nun doch haltloser Eiferung sind Lembke und Leipner zwar kaum weniger entschieden kritisch, was die Effekte digitaler Medien auf das noch wachsende junge Hirn angeht, bemühen sich jedoch um Differenzierung. Kinder sollen im Matsch spielen und nicht mit Tablets, finden sie, und die Matsche steht für das Konzept »Wirklichkeit«: Kinder brauchen »starke Verwurzelung in der Realität, bevor sie sich in virtuelle Abenteuer stürzen«.[6] Wo ein digitales Reizbombardement auf das Belohnungssystem eines noch nicht gereiften Hippocampus losgelassen wird, leidet die Fähigkeit, sich zu konzentrieren, auch mal dicke Bretter zu bohren, nachhaltig – das leuchtet ein. Den Autoren, deren einer immerhin einen Studiengang zu Digitalen Medien leitet, geht es um Ergänzung, um ein sinnvolles Zusammenspiel von realen Erfahrungen und »virtuellen Abenteuern«: Das kann man verstehen, ohne ihren Begriff von Realität weiter problematisieren zu müssen. Irgendwas mit Matsche eben. Die Hirnforscherin Gertraud Teuchert-Noodt bringt die offensichtliche Ambivalenz auf den Punkt: »Einerseits profitieren Erwachsene auf geniale Weise von den Möglichkeiten der digitalen Medien. Andererseits beeinträchtigt

Digitalität Babys, Klein- und Schulkinder fatal in der Hirnentwicklung.«[7]

Für Lembke und Leipner ist es jedenfalls »eine Illusion zu glauben, digitale Medien seien eine sinnvolle Ergänzung, die den Alltag der Kinder bereichert (Komplementarität). In Wirklichkeit rauben sie den Kindern viele Gelegenheiten, sich mit der Welt intensiv auseinanderzusetzen (Substitution).«[8] Durchaus einleuchtend erscheint ihre Einschätzung, dass der produktive Umgang mit digitalen Medien ein bereits früher gefestigtes Lernverhalten und die Fähigkeit zu intrinsisch motivierter Konzentration voraussetzt. Es geht nicht nur um Daddeln und Ballern. Auch vermeintlich kindgerechte Lernspiele werden kritisch gesehen, insofern sie das intrinsische Belohnungssystem durch Punkte, Rankings usw. korrumpieren.[9] Ihre Wirkungsweise wird nicht anders als toxisch beschrieben: »Ein digitaler Sinnesreiz schleicht sich auf verkürztem Weg direkt ins limbische System ein – und trickst den so wichtigen zweiten Eingangskanal aus, den Gedächtnisspeicher des Großhirns. Er ist für die Korrektur des inneren Antriebs (Motivation) zuständig, um ihn nicht übers Ziel hinausschießen zu lassen. Ohne diese sinnvolle Kontrolle gerät mein ›limbisches Belohnungssystem‹ außer Rand und Band, im schlimmsten Fall entsteht Suchtverhalten.«[10]

Haben Jörg Dräger und Ralph Müller-Eiselt all die Warnliteratur nicht zur Kenntnis genommen? Für sie ist *Die digitale Bildungsrevolution* ein entschieden euphorisch begrüßtes Ereignis, Risiken und Nebenwirkungen kommen nur am Rande in den Blick. Die Autoren elektrisiert

vor allem die Aussicht auf ein Zeitalter neuer Chancen-
gerechtigkeit: »So wie die industrielle Revolution weit
mehr als Produktionsprozesse verändert hat, wird die
digitale Revolution nicht nur Lernprozesse, sondern
auch gesellschaftliche Strukturen verändern. Wenn bisher Abgehängte Zugang zu günstiger und guter Bildung
erhalten, wenn Können mehr zählt als Titel, wenn soziale Netzwerke für die Karriere wichtiger sind als persönliche Beziehungen, dann geraten bisherige Eliten unter
Druck: Internet-Unis öffnen Harvard für alle, zwanzig
Minuten Computerspielen verhilft zu attraktiveren Jobs,
Onlineplattformen machen Kindergärtnerinnen zu Mil-
lionären. Das führt zu einer faireren Gesellschaft.«[11]
Haben wir, bei so viel Verheißungsrhetorik, ein Ironiesignal übersehen? Dräger und Müller-Eiselt, Vorstand
und Forscher im Dienste der Bertelsmann Stiftung, geben mit ihrer guten Laune zwar ein Gegengift zum gnar-
zigen Untergangssound der Digitalkritiker, ihr Lob von
Massive Open Online Courses und *flipped classrooms*[12] zeigt
aber auch ein offenbar strukturelles Problem des Digital-
Diskurses: Die Zuspitzungen gehen recht ungebremst in
beide Richtungen, Verheißung und Verdammnis. Kulturkampf eben. Das ist einerseits kaum überraschend,
erschwert aber leider eben das, wovon man angesichts
des dramatischen Veränderungsdrucks bei gleichzei-
tiger Riesenratlosigkeit am besten mehr hätte: Gelassenheit, abwägend differenzierte Einlassung. Auch die
Offenlegung der eigenen, womöglich wirtschaftlichen
Interessen würde das Gewicht der Argumentation nicht
mindern. Immerhin verfügt die Bertelsmann Stiftung

über die Mehrheitsbeteiligung an einem bedeutenden Medienkonzern, dessen Geschäftsmodelle neben der Produktion und Vermarktung von Unterhaltungsfernsehen mit durchaus beschränktem Bildungsauftrag sicher auch für kommerzielle Angebote und Lernplattformen offen wären, die die Möglichkeiten von Big Data für individualisiert optimiertes Lern-Management nicht nur partizipativ, sondern auch ökonomisch aussichtsreich erscheinen lassen. Es werden ja durch digitale Geschäftsmodelle nicht vor allem Kindergärtnerinnen steinreich.

Immerhin einen Vorschlag zur Güte macht der österreichische Leseforscher Gerhard Falschlehner in Anbetracht der »digitalen Generation«, nämlich aufzuhören, das gute alte Buch gegen die digitalen Medien auszuspielen. Falschlehners weitgefasster Lese- und Textbegriff erlaubt den überraschenden Schluss, die Digitalisierung als »wichtigsten Forderer und Förderer des Lesens« zu erkennen: »Jugendliche sind 24 Stunden am Tag in digitalen Medien unterwegs und trennen nicht mehr zwischen realer und virtueller Welt. Sie passen ihr Rezeptionsverhalten an die Notwendigkeiten der Medienwelt an und schreiben mehr denn je – vorausgesetzt, sie können es.«[13] Kindern stehe heute eine »faszinierende Medienorgel« zur Verfügung, jetzt komme es natürlich darauf an, auf ihr spielen zu können. »Nicht die digitalen Medien befördern den Analphabetismus, sondern umgekehrt: Analphabetismus verhindert, digitale Medien kritisch und selektiv zu nutzen.«[14] Dabei sieht auch Falschlehner die fundamentalen Veränderungen, die bis tief in unsere Hirnstrukturen reichen. Vom Oszillieren zwischen bildlicher Vorstellung und sprachlicher Abstraktion weiß schon die Neurowissenschaft der 1980er Jahre, denn »wir können Bilder lesen und Texte betrachten – die hirnphysiologischen Vorgänge des Verstehens liegen näher beieinander als lange Zeit angenommen«.[15] Bilder lesen, Texte betrachten: Anders werden wir mit den explodierenden Informationsmengen vermutlich nicht fertig. Dass die neue Allverfügbarkeit und Gleichzeitigkeit des Weltwissens aber »den herkömmlichen Begriff von Allgemeinbildung obsolet«[16] machten, wollen wir nicht glauben, sondern umgekehrt: Ein paar Steine aus dem herkömmlichen Bildungs-Fundament werden mehr denn je nötig sein, um in den Schaumkronen der reinen Allgegenwärtigkeit nicht unterzugehen.

Gehört ein wirklich langer Roman wie Tolstois *Krieg und Frieden* dazu? Clay Shirky, Vice Provost for Educational Technologies an der NYU, findet, nicht: »The reading public has increasingly decided that Tolstoy's sacred work isn't actually worth the time it takes to read it [...]. No one reads War and Peace. It's too long and not so interesting.«[17] Nicht so interessant, die Lebenszeit nicht wert. Wie viele süße Katzenbabys könnte man in dieser Zeit betrachten oder *Massive Open Online Courses* der NYU folgen statt den Geschicken von ein paar Moskauer und Petersburger Adelsfamilien, die versuchen, in den Wirren einer neuen Zeit zurechtzukommen, und das Private ins Politische auf viel zu vielen Seiten verwoben zu sehen? Eine wachsende Zahl der lesenden Öffentlichkeit, den Punkt kann Shirky machen, entscheidet sich gegen

Krieg und Frieden. Man darf aber fragen, ob das eine gute Entscheidung ist.

Vielleicht ist es ein Zufall, dass der britische Historiker Niall Ferguson in einem Interview mit der Wochenzeitung Die Zeit auf die Frage, wie er zu den Geisteswissenschaften kam, bekennt: Gerade die »Lektüre von *Krieg und Frieden* war für mich einschneidend. Tolstoi zwingt dir Fragen auf: Warum kam es zu dieser großen politischen Umwälzung in Russland? Was hat das Leben der Romanfiguren derart auf den Kopf gestellt?« [18] Vielleicht ein Zufall, vielleicht auch nicht.

Bedenken second: Politik

Zwischen den Gefechtsständen der Digitalisierungs-Promoter und -Warner öffnet sich das weite Feld der Praxis. Digitalisierung bedeutet ja, nicht zuerst Bücher zu lesen, um herauszufinden, ob das Neue nun gut ist oder schlecht; es heißt erst einmal: machen. Ausprobieren. Anders machen. So kommt die Theorie der Praxis kaum noch nach. Die Politik erst recht nicht. Das etwa muss der FDP-Vorsitzende Christian Lindner gemeint haben, als er sich im Bundestagswahlkampf 2017, ziemlich cool am Rande von irgendwas in sein Smartphone tippend, unter dem Slogan »Digital first. Bedenken second« bundesweit plakatieren ließ.

Der Mann traut sich was, war vielleicht der erste Gedanke dazu, und die Häme ließ nicht auf sich warten; spätestens mit dem Facebook-Cambridge-Analytica-

Skandal im Frühjahr 2018 kamen dann auch dem Mutigen selbst Bedenken und er distanzierte sich von dem Spruch, der nun nicht mehr in die Zeit passte.[19] Dabei war die Beobachtung, auf die der kesse Satz zielte, ja nicht einmal grundverkehrt: Das alte Analogland ist, auch was seine politischen Repräsentanten und Innovationsentscheidungsprozesse angeht, für die Neulandverhältnisse nicht gut gerüstet. Für den Exportweltmeister und Technologiestandort Deutschland ist das ziemlich blamabel, und dass die Netzabdeckung und die Verfügbarkeit von schnellem Internet auf dem Land zu wünschen reichlich übrig lassen, liegt ja nicht an »Bedenken« im Sinne sorgfältigen Abwägens, sondern eher an einer etwas zipfelmützig-selbstzufriedenen Behäbigkeit. Und wohl auch einer gewissen urbanen Arroganz. Auch der Rat für Kulturelle Bildung kann sich »des Eindrucks nicht erwehren, dass die politischen Prozeduren gemessen am Entwicklungstempo der digitalen Welt deutlich zu langsam sind«.[20]

Es geht zu langsam mit dem schnellen Internet, und jenseits der Metropolen finden sich ganze Regionen unterversorgt. Auch der hoffnungsfroh angekündigte *DigitalPakt Schule,* fünf Milliarden des Bundesministeriums für Bildung und Forschung, in fünf Jahren über Grundschulen und weiterführende Schulen ausgegossen, hatte, nach der mühsamen Klärung der verfassungsrechtlichen Hürden, weil Bildung ja Ländersache und nicht Bundesangelegenheit ist, nicht mehr den Schwung eines Befreiungsschlags oder gar großen Wurfs. Mit dem warnenden Hinweis auf das »Primat der Pädagogik«, nämlich bei aller Euphorie über die unbegrenzten Möglichkeiten »kollaborativen Lernens« in smart digitalisierten Lern-Umwelten die Bedeutung der Inhalte und die entscheidende Wichtigkeit der Qualität des Lehrpersonals nicht außer Acht zu lassen, läuft der Rat für Kulturelle Bildung offene Türen ein;[21] denn eben dieses Primat wird gleich in der zweiten der FAQs auf der Seite des BMBF beschworen: »Investitionen in digitale Bildungsinfrastrukturen, pädagogische Konzepte sowie die gezielte Qualifizierung von Lehrkräften gehen Hand in Hand und folgen dem Grundsatz: Keine Förderung ohne Qualifizierung und ohne pädagogisches Konzept.«[22]

Wer wollte in der Sache widersprechen? Aber es ist diese ministerielle Rhetorik, die ganz indikativisch als Gegebenheit formuliert, was doch erst einmal erwünscht und angestrebt und vermutlich gar nicht so einfach zu realisieren ist, die einen skeptisch werden lässt. Möglicherweise kommen im politischen Geschäft solche Unterschiede zwischen Wunsch und Wirklichkeit abhanden, so wie sich die richtige Idee, dass die digitale Aufrüstung mit besonderem Augenmerk auf die Schule und besser früher als später geschehen sollte, im alltäglichen Anschaffungs-Antragswesen schnell verliert. Und wenn die Smartboards dann im Klassenzimmer stehen, fangen die Mühen der Umdenkungsebene erst an, denn erstens muss der Umgang mit dem neuen smarten Zeug erst gelernt, zweitens ein Sinn dafür entwickelt werden, wann es überhaupt nützlich ist und wann nicht. Und wenn sich Personal und pädagogisches Publikum daran gewöhnt haben, kommt wieder was Neues.

Warum sich ein Schwung verliert, warum gute Projekte so oft so fade ausgehen, ist ein eigenes Thema. In Bezug auf die Chancen und Risiken der Digitalisierung im Handlungsfeld der Infrastruktur- und Bildungspolitik lässt sich festhalten, dass sich die spezifischen Dynamiken des Internets auf technischer Ebene (siehe Andrew McAfees Video) und in der Gewinnung von Reichweiten und Marktmacht (Plattformen, die Wachstum aus der Partizipation von Nutzern generieren) nicht leicht übertragen lassen – nicht auf gesellschaftliche Prozesse, nicht auf Bildungspolitik. Deshalb ist die Sache mit den Bedenken tatsächlich nicht so leicht wegzufächeln. Es wird am Ende schon darum gehen, mutig zu investieren, vor allem aber ein paar schwierige Fragen genau zu bedenken: Was kann was, wem taugt was? Vielleicht lässt sich die psychosoziale Verlaufskurve des Umgangs (von Politik und Parteien, aber auch von Unternehmen, Institutionen, Organisationen) mit einer gravierenden Innovation so beschreiben: Ignoranz, Euphorie, Hysterie – vom trotzigen Nicht-zur-Kenntnis-Nehmen bis zur Panik, den Anschluss zu verpassen. Was käme danach? Ein post-hysterischer Pragmatismus, die neuen Möglichkeiten als Werkzeuge zu sehen, sie auf ihre Tauglichkeit mit Blick darauf zu prüfen, was erreicht werden soll und kann. Wohin die Reise gehen soll.

Das BMBF, mit fünf Milliarden DigitalPakt-Sondervermögen im Tank, beschreibt die Reiseplanung so: »Viele nutzen selbstverständlich digitale Angebote, häufig ohne die dahinterstehenden Algorithmen und Geschäftsmodelle zu verstehen, die rechtlichen Rahmenbedingungen zu kennen und die Auswirkungen auf die eigene Person und das Zusammenleben zu hinterfragen. Digitale Kompetenz ist deshalb von entscheidender Bedeutung: für jeden Einzelnen und jede Einzelne, um digitale Medien selbstbestimmt und verantwortungsvoll nutzen zu können und um gute Chancen auf dem Arbeitsmarkt zu haben; und für die Gesellschaft, um Demokratie und Wohlstand im 21. Jahrhundert zu erhalten.«[23]

Geschäftsmodelle und Arbeitsmarktchancen, Wohlstand, Selbstbestimmung, Demokratie: große Ziele, alles wichtig. – Was fehlt? Eine Menge. Eckart Liebau, Pädagoge und Vorsitzender des Rats für Kulturelle Bildung, schlägt einen faszinierend weiten Bogen: »Man darf annehmen, dass Friedrich Schiller und Wilhelm von Humboldt die Digitalisierung als eine exzellente Chance für ein Leben in der Muße von Geselligkeit, Spiel, Kunst und Wissenschaft gesehen hätten, ganz in der Tradition der europäischen, insbesondere der italienischen Renaissance übrigens –, auch wenn sie viele Formen des Gamings vermutlich ziemlich seltsam gefunden und mit Verachtung gestraft hätten. Die Romantikerinnen und Romantiker hätten vermutlich aus ganz anderen Gründen ihre Freude an der Digitalisierung gehabt: Friedrich Schleiermacher am starken und zwingenden Gegenwartsbezug digitaler Praktiken, Friedrich Schlegel an der Kontingenz, Emergenz und Widersprüchlichkeit des digitalen Myzels als alles durchwurzelndem Untergrundpilzgeflecht und an dessen unübersichtlichen Strukturen und Prozessen, die äußerst nachhaltig eine ästhetische, ironisch-distanzierte Haltung provozieren, und E.T.A. Hoffmann schließlich an der Abgründigkeit der sich im Netz zeigenden dunklen Möglichkeiten des menschlichen Handelns und der menschlichen Seele, also auch der triebhaften Seite der Innenwelt.«[24]

Das ist uns, im Überraschungsmoment der hier so elegant herbeigeführten Begegnung von Humboldt, Hoffmann und Internet, natürlich sympathischer als die nüchterne ministerielle Sorge um Arbeitsmarkt und Wohlstandswahrung. Wir haben hier ein schönes Beispiel für die annähernd unbegrenzten Möglichkeiten des Mediums, Projektionen unterschiedlichster Art auf sich zu ziehen: Das Internet funktioniert als Spiegel und große Wunschmaschine. Wer damit Geld verdienen will, sieht die steilen Aufwärtskurven skalierbarer Geschäftsmodelle; wer Bildung verbessern will, ganz neue Chancen effektiver, kollaborativer, partizipativer Lehrplattformen. Und aus Sicht der kulturellen Bildung ist eben kulturelle Bildung die Teleologie des Internets: »Es bedarf der Kulturellen Bildung, um die digitale Welt sinnvoll zu erfassen und sich in ihr zu bewegen.« Beziehungsweise das Web wird, so verstanden, zum Gefäß, das ohne durch ästhetische Erfahrung geschärfte Sinne eine leere Hülle bleibt: »Kulturelle Bildung vermag es, die Digitalisierung mit Inhalten zu füllen«, und erst die Künste »können uns im Sinne einer hermeneutischen Erfahrung einen Blick jenseits des abstrakten und binären Wertesystems aus 1 und 0 eröffnen«.[25]

Nun lassen sich reichlich Anhaltspunkte dafür finden, dass das Medium eben nicht allein schon die *message* ist, sondern sehr wohl auch ein Ort der Künste sein kann oder doch könnte, warum nicht im Bild einer KuBi-Tankstelle, an der das Gefährt Digitalisierung aufgetankt werden muss, damit der Sinn-Sprit nicht ausgeht und sich der Mensch im Netz überhaupt bewegen kann. Der hier angemeldete Anspruch, relevant zu sein, womöglich mehr denn je, verdient Sympathie und Respekt; und wo alle ihre Interessen vertreten, sollten es die Künste und die sich um sie sorgenden Vermittler, Pädagogen und Akteure einer kulturellen Bildung zweifellos auch. – Es empfiehlt sich wohl aber, die Schwerkraftverhältnisse der digitalen Wirklichkeit nicht ganz aus dem Blick zu verlieren.

Deshalb als kleines Intermezzo und Übung in Demut: Eindrücke von der Kölner Messe gamescom, die der Verfasser – 2014 war es schon, aber in der Sache hat sich nicht so viel verändert – mit seinem Sohn besuchte. Rückblende …[26]

Ballern. Rasen. Ballern

Fünfzehn ist der Sohn zu diesem Zeitpunkt, das ist ansonsten ein Unglücksalter, denn obwohl man so gut wie sechzehn ist und damit reif für die nächsthöhere Zugangsstufe, muss man, des Jugendschutzes wegen, mit einem entwürdigenden grünen Bändchen am Handgelenk herumlaufen wie ein ahnungsloser Zwölfjähriger. Die echte Freiheit zu ballern beginnt aber ohnehin erst mit achtzehn. Dieser Himmel muss für die vielen Jungs mit den grünen Bändchen also noch warten, doch was in den Kölner Messehallen für ein paar Tage aufgebaut ist, kommt der Vorstellung eines Gamer-Himmels schon ziemlich nah. Manchmal sieht es aus wie eine Wohnlandschaft mit Sitzsäcken oder Sofas, öfter aber wie Großraumbüros, in denen an hundert Bildschirmen hundert junge Männer unter Kopfhörern tun, was sie Entertainment nennen, auch wenn es wie Arbeit aussieht.

Jung und männlich ist das Publikum, weiblich, hochhackig und blond oder auch sehr schwarzhaarig sind die Servicekräfte an den Ständen, die man kaum noch so nennen kann ob ihrer Größe, die aber sein muss, weil unablässig behauptet werden muss, eine »Welt« nicht nur zu eröffnen, sondern zu sein. Sonys Playstation oder Microsofts Xbox sind die Konfessionen, zwischen denen man nicht leichtfertig hin- und herwechselt, und der Sohn nennt den Eintritt in die Welt der Xbox eine Überschreitung in »Feindesland«. Man muss sich halt entscheiden. Die Glaubwürdigkeit hängt nicht nur an der Größe der oft tempelartigen Architekturen, sondern auch an der Tiefe der Subwoofer, mit denen das eigene Terrain beschallt wird. Gegen die kakofon-körperliche Bum-Bum-Konkurrenz hilft nur eine weitgehende Anästhesierung, was im Krieg um das flüchtige Hingucken oder sekundenlange Zuhören dazu führt, dass alles zugleich noch tiefer und schriller wird und dass sich die Moderatoren auf den Rambazamba-Bühnen schon für zwei zusammenhängende Sätze entschuldigen und die jungen Männer anbrüllen, dass sie gefälligst zurückbrüllen sollen, wenn sie ein T-Shirt zugeworfen bekommen wollen. T-Shirt, T-Shirt, brüllen darauf die jungen

Männer und recken die Arme nach oben. Gut, sagt der Moderator, T-Shirt klingt gut, noch besser klingt – und hier folgt der Produktname, also *Wargaming* oder ähnlich, die Jungs brüllen wacker und ein paar schnappen was. Daneben stehen die Barbarella-artigen Blondinen oder Militärhostessen und lächeln stählern, Hand in der Hüfte. Ein schon älterer Moderator stellt sich als »Nilz Bokelberg« vor, er hat eine ferne Ähnlichkeit mit dem frühen VIVA-VJ, ansonsten scheint ihm das Einpeitschen und T-Shirt-Werfen keine rechte Freude zu machen, obwohl er genau das Gegenteil sagt, eigentlich sagt er ununterbrochen gar nichts anderes als das. Zynismus in Stumpfform.

Eine zarte Lichtfee huscht durch einen Märchenwald, in schwerelosen Sprüngen rast sie durch eine fantastische Flora, sammelt ein glitzerndes Irgendwas ein und kann ein paar Sekunden fliegen, doch dann muss sich die Fee vor einem garstigen Wildschweinmonster in Sicherheit bringen. Staunenswert, wie schnell und gestochen scharf das alles aussieht, wie tief sich in diese Anderswelt navigieren lässt. Doch für die kleine Fee mag sich gerade niemand interessieren. Dafür stehen Schlangen da, wo es handfester zur Sache geht. Vielleicht macht Ballern geduldig, anders lässt sich kaum erklären, wie viele junge Männer sich von Wegmarken wie »ab hier 90 Min.« nicht schrecken lassen. Vielleicht sind diese Wartephasen auch einfach nötig, um den folgenden Minuten extrem verdichteten Kämpfens und Rasens standhalten zu können. Friedlich wie Schafe stehen sie im Gatter, so lange, bis ein Arbeitsplatz frei wird.

Ein wenig Tanzen, Singen, vor allem aber Ballern. Rasen. Ballern. Das sind die tatsächlich weit überwiegend vorgesehenen Aktionsformen, verbunden mit den ältesten Träumen junger Männer: Überwindung der Schwerkraft, Überwindung der Zeit-Raum-Verhaftung. Unendliche Geschwindigkeit, unendliche Kraft- und Energiereserven, unendlicher Vorrat an Leben. *You are dead*: bloß ein Punktestand. Der Vorrat an großen Geschichten scheint aufgebraucht, sie lassen sich nur wiedererzählen, immer noch ruckelfreier, geschmeidiger animiert, realistisch-militärisch besser »legitimiert«, wie ein Entwickler es ausdrückt. Was Grafikkarten können, kann man an der Darstellung der Haare sehen, weshalb Nvidia jetzt ein verbessertes *hair work* anbietet. Die Nvidia-Bühnenshow ist noch etwas mehr Ballermann als anderswo. Dass der Firmenname klingt wie spanisch »Neid«, leuchtet dem Sohn ein: Wer so eine Karte sein Eigen nennen kann, der errege natürlich Neid.

Die gamescom, die größte Spielemesse der Welt und nochmal größer als vorher und schon vor Beginn ausverkauft, zeigt den Stand der Technik als Rechenleistung, alles geht noch größer und auch kleiner und mobiler. Man kann sich drehen und wenden, die virtuelle Welt hört gar nicht mehr auf. Alles sehr schön bunt hier. Doch je perfekter die errechneten Welten, desto mehr dämmert die Erkenntnis: Die realen Körper kommen nicht mehr mit. Man sieht es an den Spasmen der Wii-Spieler, die wild zuckend einen kleinen Supermario in Gang halten. Man sieht es im Vergleich der echten Spielfiguren und mit ihren nur menschlichen Imitatoren und Cosplayern, die durch die Hallen streifen. Dennoch ist der Wunsch, das Virtuelle in die Welt 1.0 zu überführen, überall zu sehen, an den Rennwagen, die vor dem Raser-Spiel parken, am Dampf über den Schlachtfeld-Animationen, an der Modenschau mit Kollektionen der letzten *Assassins Creed*-Versionen. Diese hier spielt übrigens zur Zeit der Französischen Revolution, und der Sohn findet, dass man so wirklich was über Geschichte lernt. Leider ist ihm der Weg in diese Bildungswelt altersmäßig noch versperrt. Doch dass »spielend lernen in virtuellen Welten« ein Zukunftsding ist, weiß auch das Jugendforum NRW in Halle 10.2, etwas abseits der Blockbuster. Bestimmt führte hier der politische Messerundgang vorbei, nachdem die nordrhein-westfälische Medien-Ministerin etwas über Standortpolitik, aber auch Medienpädagogik gesagt hatte, der Kölner Oberbürgermeister etwas über Köln und der Geschäftsführer des Bundesverbands Interaktive Unterhaltungssoftware die Frage nach dem Leitmedium klar entschieden fand. Man sieht es ja an den Besuchern der Buch- und Filmbranche: Hier spielt die Musik. Dann lobte er die immer noch zunehmende kreative Vielfalt und »erzählerische Tiefe« der Spiele, an die man gern glauben möchte, sie auf den Kriegsschauplätzen zwischen *Battlecry*, *War Thunder* oder *Warplanes*, *Codename*: *Panzers Commando*, *World of Warcraft*, *Battlefield Hardline* oder *World of Tanks* aber nur schwer erkennen kann. Dorothee Bär, des Internetministers Dobrindt forschfröhliche Staatssekretärin [seit 2018 Staatsministerin für Digitalisierung], geht solche kulturkritische Bedenkenträgerei ganz schön auf den Keks, zumal von Leuten, die gamesmäßig analphabet seien, was sie entschieden peinlich findet, und überhaupt, sie ließe sich das Daddeln auf der Regierungsbank nicht vermiesen: »Alles harte Arbeit!«

Dass die *gamescom* nichts für Weicheier ist, leuchtet ein. Der Panzer vor dem *War Thunder*-Lager sieht hart und echt aus, auch wenn daran lässig langbeinige Kriegshostessen lehnen. Der Bundeswehr-Stand (»Wir. Dienen. Deutschland«) mit dem Feldjäger-Motorrad und einem rohrlosen Dingo-Wagen wirkt dagegen ziemlich langweilig. Da geht noch was. Aber die Echten haben es hier nicht leicht.

So weit die Erinnerung an eine doch massive Fremdheitserfahrung. Sicher, man weiß, dass es das gibt, und wer Kinder im Jugendalter hat, weiß es erst recht. Man setzt sich dieser Ästhetik selten aus, es gehört aber dazu, wenn wir uns anschauen, welche Auswirkungen die Digitalisierung auf einen Bereich hat, den man – sofern man nicht Staatssekretärin ist – nicht Arbeit nennen würde. Und Games haben einen deutlich höheren technischen Standard, vor allem aber Impact als viele gut gemeinte (und zuweilen auch gut gemachte) Anstrengungen digitaler Kulturvermittlung – so wie auch Schlager und Pop (im II. Teil werden wir das analysieren) in der digitalen Revolution eine viel größere Rolle spielen als der eher bescheiden sich ausnehmende Player Klassik.

Zwischenbefund und eine Selbstverständlichkeit, die man sich dennoch gelegentlich bewusst machen sollte: Das Digitale ist so gut und intelligent oder blöd und böse wie seine Nutzer. Diese würden sehr mehrheitlich eine ästhetische Erfahrung nie so nennen. Die Aufforderung dieses Buches besteht darin, die Digitalisierung nicht mit den Ballermännern am hinteren und den zynischen Geschäftsmodelleuren am vorderen Ende gleichzusetzen, sie vielmehr andersherum als Möglichkeitsraum zu verstehen, im Sinne dessen, was Eckart Liebau oben in geistesgeschichtlich-historischer Perspektive als »alles durchwurzelnde[s] Untergrundpilzgeflecht« skizzierte, und dabei vielleicht noch einen Blick in den Obergrund zu wagen. Es mag sinnvoll erscheinen, zuvor noch ein paar generelle Aspekte der noch jungen »Kultur des Digitalen« aufzurufen, um dann an ausgewählten Beispielen eine Kritik der digitalen Praxis zu entwerfen.

Aspekte der Digitalität

Wovon reden wir, wenn wir von Digitalität reden? – Mit einer Hellsicht, die im Rückblick von 35 Jahren nahezu gespenstisch erscheint, beleuchtete der technikaffine Literaturwissenschaftler Friedrich Kittler schon 1986 deren Vorgeschichte als vorweggenommenes Futur: »Was zwischen 1880 und 1920 über Grammophon, Film und Schreibmaschine, die ersten technischen Medien überhaupt, zum Papier der überraschten Schriftsteller kam, ergibt darum ein Geisterphoto unserer Gegenwart als Zukunft. Mit jenen frühen und scheinbar harmlosen Geräten nämlich, die Geräusche, Gesichter und Schriften als solche speichern und damit trennen konnten, begann eine Technisierung von Information«[27] – deren nicht harmlose Folgen für einen glasfaservernetzten Globus er kommen sah, eine nahe Zukunft, in der »die wahren Kriege nicht um Leute oder Vaterländer gehen, sondern Kriege zwischen verschiedenen Medien, Nachrichtentechniken, Datenströmen sind«.[28]

Dreißig Jahre nach Kittler und mitten in der digitalen Epoche hat Felix Stalder das, was er als *Kultur der Digitalität* bezeichnet, einleuchtend vermessen und beschrieben. Für ihn meint der Begriff »jenes Set von Relationen, das heute auf Basis der Infrastruktur digitaler Netzwerke in Produktion, Nutzung und Transformation materieller und immaterieller Güter sowie in der Konstitution und Koordination persönlichen und kollektiven Handelns realisiert wird«.[29] Von einer *Kultur der Digitalität* lässt sich also deshalb sprechen, weil die Digitalität eine dominierende Wirkung über die digitalen Medien hinaus in die analoge Welt entfaltet. Diese Kultur der Digitalität ist wesentlich gekennzeichnet durch die Aspekte Referentialität, Gemeinschaftlichkeit und Algorithmizität. Sie sollen hier, als theoretischer Horizont der folgenden kleinen Phänomenologie des Digitalen, kurz referiert werden.

Dass *Referentialität,* die Verwobenheit und Bezüglichkeit, ein wesentliches Kriterium eines Phänomens ist, welches in einem Medium sich ausdrückt, das das Netz schon im Namen trägt, liegt auf der Hand. Aber der Begriff ist weiter zu fassen: »Die Digitalisierung, die alle Inhalte bearbeitbar werden lässt, und die Vernetzung, die eine schier endlose Masse an Inhalten als ›Rohmaterial‹

schafft, haben dazu geführt, dass Appropriation und Rekombination zu allgemeinen Methoden der kulturellen Produktion geworden sind.«[30] Dazu gehören »Remix, Remake, Reenactment, Appropriation, Sampling, Mem, Nachahmung, Hommage, Tropicália, Parodie, Zitat, Postproduktion, Re-Performance, Camouflage, (nichtakademische) Forschung, Re-Kreativität, Mashup«[31] und anderes mehr: Es wird schnell ersichtlich, wie weitreichend die Folgen dieser Explosion an Verfahrensvielfalt sind, nicht nur für das Urheberrecht. Wenn Musik als Digitalisat zum Material in neuen Kontexten werden kann, Bilder praktisch grenzenlos bearbeitbar werden können, bedeutet das eine Explosion von künstlerischen und nichtkünstlerischen Möglichkeiten, und die Frage nach der Autorschaft scheint höchstens noch am Rande interessant.

Welche Rolle *Gemeinschaftlichkeit* spielt, zeigt schon die faszinierende Geschichte der Entstehung des Internets aus den spezifischen Interessen von Militärs, Akademikern, Unternehmern und »Aktivisten aus der Gegenkultur«.[32] Beginnend als »fluides sozio-technisches System«, als zunächst offene, horizontale Kooperation von Entwicklern, entwickelte sich bald ein »hierarchisches, kommerziell ausgerichtetes Verhältnis von Entwicklern und Anwendern (von denen anfänglich viele selbst Programme entwickelt hatten)«.[33] Konstitutiv für diese spezielle Form der Gemeinschaftlichkeit ist das komplexe Zusammenspiel von Kommunikation und Kontrolle. Heute wirbt Facebook etwa mit Gruppenbildern freundlich-nerdiger Leute, die sich über ihr Interesse an Modelleisenbahnen, Zwerghunden oder veganem Bodybuildertum gefunden haben oder sich als »Echte Mamas« sehen lassen[34] – da mag man doch nicht fehlen.

Mit dem Aufstieg sozialer Massenmedien und der wachsenden Bedeutung von Nischenkulturen sehen wir die bereits oben beschriebene Schwächung der (alten) Institutionen mit Verbindlichkeitsanspruch. Parteien, Gewerkschaften, Kirchen, der öffentlich-rechtliche Rundfunk verlieren Mitglieder und Glaubwürdigkeit; soziale Medien werden zum zentralen Ort von Identitätsbildung: »In der unablässigen Kommunikation als konstitutives Element der sozialen Existenz verschränkt sich persönliches Begehren nach Selbstkonstituierung und Orientierung mit dem äußeren Druck, präsent und verfügbar sein zu müssen, zu einem neuen verbindlichen Anforderungsprofil.«[35] Aufmerksamkeit innerhalb einer – kleinen, großen – *Community* ist die maßgebliche Währung. Viel Aufmerksamkeit erreichte etwa der Grünen-Vorsitzende Robert Habeck, als er gegen den Imperativ des Dabeiseinmüssens verstieß und er seinen *Twitter*-Account schloss, nachdem er sich eingestehen musste, dass das Format einer 280-Zeichen-Botschaft einen unguten Hang zur Zuspitzung, zum Zynismus, zum Unbedachten entfaltet hatte.[36] Habeck erlebte einen überraschend heftigen Shitstorm. Er wurde, gerade auch von Journalisten, als eitler Spielverderber verspottet, der strukturelle Zusammenhang – dass the medium the message ist (Marshall McLuhan) – von vielen Kommentatoren schlicht geleugnet. Himmel, lass Hirn regnen.

Es erhellte hier blitzartig und sehr praktisch, was

Stalder die »Macht der Soziabilität« nennt, den »Zwangscharakter der formal freiwilligen Akzeptanz aus Protokollen, Regeln und Normen«,[37] über die auch die Lektüre hundertseitiger Allgemeiner Geschäftsbedingungen, mit denen wir uns per Klick einverstanden erklären, nicht aufklären würde. Selbst wenn wir sie gelesen hätten. Erstaunlich ist die anhaltende Macht von Facebook, trotz eines ramponierten Images, nachlassender Begeisterung und allgemeiner Genervtheit von der Übernahme des sozialen Netzwerks durch aggressiv zielgenaues Marketing.

Als dritten Aspekt der Digitabilität betrachtet Stalder die *Algorithmizität*: In der Unüberschaubarkeit der gleichzeitig und sofort verfügbaren Inhalte ist der Algorithmus der Platzanweiser, in der Ökonomie der Aufmerksamkeit die unsichtbare Macht, die bestimmt, was die Userinnen und User zu sehen bekommen und was in den Weiten der Unauffindbarkeit verschwinden muss. Schon die zweite Trefferseite, die uns die Suchmaschine liefert, wird kaum noch angeschaut. Wo alles an der Sortierung, den Trefferrankings hängt, wird deren Formel der Priorisierung zur Schlüsselgröße, zur Hand Gottes. Zur Gelddruckmaschine. Denn wer und was bestimmt, was sichtbar und findbar ist und was nicht, kann diese Macht unendlich monetarisieren. Unendlich schon, weil die Superformeln ständig verändert werden: »Der Algorithmus ist kein feststehendes Objekt mehr, kein unveränderliches Rezept, sondern wandelt sich mehr und mehr zu einem dynamischen Prozess, einer undurchsichtigen Wolke aus vielen interagierenden Algorithmen, die kontinuierlich verfeinert werden, Schätzungen zufolge 500–600 Mal pro Jahr.«[38]

Verfeinerung bedeutet hier Zielgenauigkeit: Aus der persönlichen Historie des Such-, Kauf- und Aufmerksamkeits-, ja, wenn ein zuhörendes Tool wie *Alexa* dabei ist, sogar unseres Gesprächsverhaltens, wird ein Profil errechnet, für das dann die Treffer mit der höchsten angenommenen Nützlichkeit nach oben sortiert werden oder gleich die passende Werbung zum Gesuchten angezeigt wird. Auch dies, die schleichende Durchleuchtung unserer Privatsphäre, die Korruption durch Komfort, ist nicht unser Thema, aber eine wesentliche Einflussgröße im Hintergrund. Zu dumm, sie zu ignorieren. »Die Substitution des qualitativen Kriteriums ›Relevanz‹ durch das quantitative ›Popularität‹ erwies sich nicht nur als ungemein praktikabel, sondern auch als äußerst folgenreich, denn Suchmaschinen beschreiben die Welt nicht nur, sie bringen sie auch hervor. Was in den obersten Plätzen der Suchergebnisse gelistet ist, ist nicht einfach schon populär, sondern wird es beziehungsweise bleibt es.«[39]

Die Ersetzung des Suchkriteriums »Relevanz« (auf Basis etwa einer Qualitätsanalyse, die man sich durchaus komplex vorstellen könnte und die, machen wir uns nichts vor, immer umstritten wäre) durch das einfach quantifizierbare Kriterium »Popularität« (verbunden mit komplexen Analysen der Nutzerprofile im Sinne werblicher Brauchbarkeit) lässt sich vielleicht, wo schon von der Hand Gottes die Rede war, als Sündenfall beschreiben, aus Sicht jedenfalls einer »inhaltistischen« Konfession. Aus Sicht einer Katzenbabybilderkritik. Vom Algorithmus führt eine Spur zum politischen Populismus, zu Fake News und der bestürzenden Erosion von Mindeststandards an Wahrheit, Verlässlichkeit, Glaubwürdigkeit, zum Verschwinden des öffentlich-rechtlichen Programmauftrags aus den Programmen der öffentlich-rechtlichen Medien, zu Hasskommentaren und Kampagnenjournalismus, zu Dummdreistigkeit als Waffe, damit letztlich zu –

Halt.

Die Liste der Plagen und Probleme ließe sich leicht noch sehr verlängern, einfach, schnell, wie von selbst. Zu schnell. Ungebremste Kulturkritik ist eine fatale Falle, in die schnell tappt, wer etwa mediale und gesellschaftliche Fragwürdigkeiten reflektiert. Die Eigendynamik von Kritik, wo es fix vom Detail zum großen Ganzen geht und dann bald alles blöd erscheint, ist sicher ein Grund für die letztlich unproduktive Unversöhnlichkeit der Positionen und Folgenabschätzungen zum Internet.

Macht das Web nun dumm, macht es schlau? – Komplizierterweise wohl beides, wir haben es nicht ganz in der Hand, ein wenig aber schon, und aus der Hand geben sollten wir die Reste an Selbstbestimmung besser nicht. Es gibt wohl keine Alternative zum relativ klugen Umgang mit der gewaltigen, neuen Chancen-Risiken-Verknotung, vor die uns die digitale Revolution nun einmal gestellt hat. Es wird uns nichts anderes übrigbleiben, als zu lernen, mit dem Undurchschaubaren umzugehen, auch mit der Machtlosigkeit. Das ist aber nicht nur eine Verlustrechnung. Und die alten Gewissheiten sind ja oft bloß noch Gewohnheiten.

Gut gemacht und gut gemeint

Zum Bouquet der Überforderungen durch das Internet (und dessen technische Fundierung in der Digitalisierung) gehört wesentlich seine annähernde Unbegrenztheit. Hinter jedem Fund unzählige andere, hinter jedem Meer ein neuer Ozean. Es gibt eben immer noch mehr. Und was heute noch sichtbar ist, bildet vielleicht schon seine eigene Vergangenheit ab. Das macht jeden Versuch einer Übersicht zu einem – gemessen an den methodischen Gegebenheiten der Welt der gedruckten Bücher – beinah unmöglichen Unterfangen. Klassisches Bibliografieren führt zu vergleichsweise stabilen Ergebnissen; dagegen sind die endlosen Trefferlisten im Netz flüchtige Spots einer grenzenlosen Diffusion. Suchmaschinen und ihre Algorithmen lösen das Problem bekanntermaßen nicht. Und was Google und Facebook für uns vorsortieren, folgt der Logik ihres unschlagbaren Geschäftsmodells, nicht einem wissenschaftlichen Erkenntnisinteresse. Auch wenn es hier um den im Vergleich zu Sport und Pornografie und Promi-Berichterstattung nur marginalen Gegenstandsbereich der Künste geht: Eine auch nur halbwegs plausible Begrenzung auf ein Corpus ist hoffnungslos. Bleibt nur, die Not heiter zur Tugend zu wenden und den Modus des Surfens von Welle zu Welle, so typisch für das Bewegungsverhalten im Web, auch in den hier anschließenden Beobachtungen zum Diskurs und zur Phänomenologie ästhetischer Erfahrung im Web anzuwenden. Es geht ja gar nicht anders.

Und wieder ist Bescheidenheit geraten. Jeder Einwand, warum gleich dieses und nicht jenes in den Fokus kommt, ist berechtigt. Das ganze Unternehmen ist überhaupt nur so zu entschuldigen: Dass es in unserem Zusammenhang nicht um ein Best- oder Worst-of-Ranking geht, sondern darum, einen Eindruck von Formaten, Erzählweisen, Qualitäten, Kontexten, Fallhöhen von »Kunst« im »Netz« zu bekommen. Alles Stoff für die Träume vom anderen, die am Ende riskiert werden sollen.

Also: Das Folgende sind Blitzlichter auf eine komplexe nächtliche Topografie. Auswahl und Betrachtungsweise erhellen, wenn es gut geht: Typen, Typisches.

Ein Bild für jeden Tag

www.getdailyart.com

Heute ein verregneter Tag in Boston – meine Portion Kunst für diesen Tag: Der Himmel über dem sinnlich ansprechenden Straßenpanorama des Malers Frederick Childe Hassam (1885) passt zum Blick aus dem Fenster. Die *Daily-Art*-App hat das Bild ausgesucht, es hängt im Toledo Museum of Art, das steht in den zwanzig Zeilen Text, die mich über Backstein, Weitwinkligkeit und den Einfluss der Fotografie und des Wetters auf diesen amerikanischen Impressionisten informieren, ganz oben und in Rot ein Link, der mich schnell auf die Museumsseite bringt, der ich nach langem Scrollen entnehme, dass es das Toledo am Eriesee in Ohio ist. Das Bild kann ich in ganz guter Auflösung auch auf dem Smartphone anschauen und Details herauszoomen. Die erste Ansicht meiner Tagesdosis Impressionismus müssen sich Bild und Text allerdings mit der Bannerwerbung für ein sicher lukratives Goldankaufsangebot und *Hublot Swiss Luxury Watches* teilen. Drücke ich sie weg, damit ich die Kunst besser sehen kann, öffnet sich das nächste Angebot: keine nervige Werbung mehr anschauen müssen mit dem Upgrade auf DailyArt Pro, für $ 6,99 außerdem Suchoptionen und Zugang zur Datenbank und das gute Gefühl, die kunstgetriebenen App-Betreiber zu unterstützen. Wer mehr als diese Tagesdosis möchte, wird arg penetrant aufs Bezahlangebot hingewiesen. Ein nicht unbeträchtlicher Streifen des begrenzten Raum- bzw. Aufmerksamkeitsangebots gilt drei oder jedenfalls zwei unverzichtbaren kommunikativen Grundfunktionen des Internets: erstens der Möglichkeit, Childe Hassams Blick auf Boston zu teilen; zweitens der Chance, dem schönen Bild ein Herz zu schicken. Checkbox drei ist nur für mich und setzt einen Haken über die Zufriedenheitsfeststellung GESEHEN. Haken dran.

Natürlich gibt es mehr zu sehen als Impressionismus aus Ohio. Wer sich an mehreren weiteren Aufforderungen zum Abo vorbeimogelt, wird etwa auch mit einem *Untitled* von Mark Rothko aus dem Jahr 1950 belohnt: »Bis zum 30. Juni 2019 können Sie in unserem beliebten Kunsthistorischen Museum in Wien (Link) eine erstaunliche Mark-Rothko-Ausstellung besuchen. Unter den Meisterwerken kann man dasjenige sehen, das wir heute präsentieren.« Dahinter ein munteres »Viel Spaß! ☺«.

Das ist nun, wenn auch sprachlich holprig, jedenfalls lupenreine Reklame, für das »beliebte« KHM in Wien und seine »erstaunliche« Ausstellung von jedenfalls: »Meisterwerken«. Und die schlecht poppige Mona-Lisa-Kachel, die sich auf meinem App-Tableau installiert, ist eine Geschmacklosigkeit.

Fehler-Unkultur

Die Mängelliste kleiner und mittlerer Ungeschicklichkeiten, Übersetzungsunschärfen, Oberflächlichkeiten ließe sich mühelos fortsetzen, natürlich nicht nur auf der Daily-Art-App. Mit Beckmessereien ist man, auf der Suche nach ästhetischen Erfahrungen im Netz, immer fix fertig. Wer Fehler sucht, wird fündig, und die Gründe sind wohl struktureller Art. Wo das Veröffentlichen so umstandslos schnell geschieht und die Budgets nicht selten verzweifelt begrenzt sind, werden Korrekturschleifen übersprungen, die im Printbereich als Mindeststandard gelten – wobei sich das Verständnis von Sorgfaltspflichten auch dort bedenklich lockert. Die Fehlertoleranz scheint gestiegen, zumindest auf Seiten der Produzenten. Das mag überraschen, denn auch die Möglichkeit der Korrektur ist ja erheblich vereinfacht. Und auf der Seite der Rezipienten ist ein solcher Fehler, einmal wahrgenommen, immer noch ein wirksames Zeichen mangelnder Professionalität, Seriosität, Kompetenz. Noch sind kriminelle Spam-Nachrichten an Schreib- und Grammatikfehlern und anderen Inkonsistenzen in der Regel ganz gut zu identifizieren. Nicht auszudenken, wenn Betrüger sich eines Tages hinter korrekter Orthografie verstecken. Andersherum: Für Anbieter von seriösen Inhalten wären sprachliche und gestalterische Sorgfalt ein wesentliches Qualitätsmerkmal, zumal in einem unüberschaubaren Angebotsuniversum, in dem es immer schwerer wird, sich als vertrauenswürdige Marke zu etablieren.

Dass die vom »beliebten« Kunsthistorischen Museum annoncierte »erstaunliche« Rothko-Schau nur bis Juni 2019 zu sehen war, ist eine im Herbst des Jahres eher betrübliche Information. Der eiligen, fehleranfälligen Publikation steht die tendenzielle Ewigkeit des WWW als eines unendlichen Speicher- und Erinnerungsraums gegenüber: Alles immer weiter da, sofern man nicht nachpflegt, und selbst das Löschen von Überholtem, Falschem, Peinlichem kann zum komplizierten Akt werden, wenn der eigene Inhalt auf Plattformen Dritter abgelegt ist. Die Schatten der Vergangenheit werden immer länger, vorbei die Gnadenakte des Vergessens.

Doch nicht umsonst

Dass das freundliche, durch und durch harmlose Angebot der Daily-Art-App keineswegs gratis ist, dass kostenfrei nur der Blick ins Schaufenster eines Ausschnittangebots ist, Nutzerin und Nutzer sehr bald zur Kasse gebeten werden, ob cash oder als (geldwerte) Adressaten von mehr oder weniger genau gezielter Werbung

(Gold zu verkaufen, Luxusuhren zu kaufen), schon auf der Schaufensterseite, erst recht mit registrierten und damit präzise verfolgbaren Zielgruppenprofilen, ist ein bekannter Zusammenhang (und nicht unser Thema). Die Verlagerung der Wertschöpfung hin zu einer Ökonomie der Plattformen und der Währung persönlicher Daten bildet in unserer Fragestellung ein (zweifellos relevantes) Hintergrundgeschehen. Wir sehen darin einen Effekt, den man als eine geläufige Spielart der Trickbetrügerei beschreiben könnte. Nur weil wir als Nutzer, Adressaten, Kunden, Zielgruppen inzwischen daran gewöhnt wurden, dass nichts wirklich gratis ist, online nicht und offline auch nicht, sehen wir achselzuckend zu: Es gibt kein Jenseits des Marketings.

Zu Nutzerverhalten und -kompetenz gehört heute also der vermutlich in der Regel reflexhaft schnelle Abgleich: Kann ich was mit dem anfangen, was angeboten wird? Welchen Wert messe ich der Möglichkeit bei, täglich eine 3-Minuten-Begegnung mit einem Kunstwerk zu haben? Zahle ich dafür, oder übe ich die Fähigkeit, an unerwünschter Werbung vorbeizusehen (eine immer wichtigere Kompetenz), oder sie, wenn möglich, blitzartig wegzuklicken. Man kann das trainieren. Wo es aber um die Ermöglichung ästhetischer Erfahrungen geht, stellt sich die Frage noch anders: Wie schaue ich auf Rothko, auf den Bostoner Impressionismus, in der U-Bahn, über dem Goldankaufangebot, auf den paar Quadratzentimetern meines mobilen Endgerätes? – Der Unterschied zur Kunsterfahrung im Museum ist natürlich eklatant: wie ein Bild gehängt ist, seine Nachbarschaften und Kontexte, der Raum, die womöglich, ja sehr wahrscheinlich größere Informationstiefe durch Tafeln, Führungen, Medien vor Ort, schon die Tatsache, dass ich mich körperlich zum Kunstwerk begebe … Es ist einfach, die Daily-Art-App gegen den Museumsbesuch auszuspielen.

Wieder einmal, womöglich: zu einfach. Denn natürlich ließe sich, auch unter engen ökonomischen Bedingungen, ein weniger aufdringliches, inhaltlich differenzierteres Angebot machen. Aber auch wenn die Niederschwelligkeit des Ganzen die Ebene des Peinlichen beständig in Sichtweite hält: Gegen eine wie fragwürdig immer kuratierte Zufallsbegegnung mit einem wenig bekannten Impressionisten oder ein paar *random facts* über Rothko ist so lange nichts einzuwenden, als sie eine substanziellere Bekanntschaft nicht ausschließen. Rothko ist natürlich ein Paradefall, um daran Fragen der Aura des Kunstwerks zu diskutieren. Da hat die App keine Chance. Die sprachlich nach- bis fahrlässige Qualifizierung des Wiener Kunsthistorischen Museums als »beliebt«, die ihrer Rothko-Ausstellung als »erstaunlich«, ist aus den strukturellen Bedingungen einer Freemium-App verständlich, erweist sich aber als kontraproduktiv: Wer sich so lieblos mit »Meisterwerken« abgespeist sieht, wird weder für die Sache der App noch die der Kunst auf Dauer gewonnen. Geht es auch anders? Es geht.

Städels Reichtümer

https://sammlung.staedelmuseum.de/de

Zum Beispiel in Frankfurt. »Der digitale Raum ermöglicht unbegrenzte Reichweiten, und das Städel Museum nutzt diese Möglichkeit, um seinen Wirkungsraum signifikant zu vergrößern und seine Inhalte mit einer völlig veränderten Skalierung zu vermitteln. Wir eröffnen einen uneingeschränkten Zugang zu kunsthistorischen Inhalten und Forschungsergebnissen und ermöglichen damit eine globale Teilhabe an Kulturgut. Die vielfältigen und aufeinander aufbauenden digitalen Aktivitäten verfolgen nicht den Zweck, ein virtuelles Museum im digitalen Raum ›nachzubauen‹. Vielmehr beschreiten wir mit der multiplen Vernetzung von Inhalten unterschiedlichster Herkunft völlig neue Wege der Erforschung, Darstellung, Erzählung und Vermittlung von Kunst.«[40]

Das Frankfurter Städel Museum gehört zu den bedeutenden Kunstsammlungen Europas. Gegründet wurde das Städel 1815 als Städelsches Kunstinstitut, ursprünglich eine Bürgerstiftung mit dem Ziel, eine exquisite Privatsammlung einer breiten Öffentlichkeit zugänglich zu machen. Das analoge Städel zeigt in der Dauerausstellung etwa tausend seiner über dreitausend Werke der Malerei vom Mittelalter bis zur Gegenwart, dazu Skulpturen, Fotografien, es gibt eine bedeutende Graphische Sammlung mit rund hunderttausend Blättern, eine Bibliothek: Seit 1878 ist das Städel ein Kernstück des Frankfurter Museumsufers am Main; eine Schatztruhe. Und wegen des breiten Sammlungshorizontes auch prädestiniert, bildende Kunst an erstklassigen Beispielen nicht nur einer Epoche zu zeigen. Das Städel verstand seinen Auftrag, Kunst, als Medium ästhetischer Erfahrung und Erkenntnis, öffentlich zu machen, schon vergleichsweise früh als ehrgeiziges Projekt der Teilhabe durch Digitalisierung.

Die stolzen Sätze finden sich in einer Kurzdarstellung der »Digitalen Strategie«, und anders als in leider vielen Fällen, handelt es sich in der Tat um eine Strategie im Sinne einer längerfristigen und konsequenten Handlungsrichtung. Vielleicht war es zunächst doch vor allem ein digitaler »Nachbau« des Museums, indem dessen Schätze, vorzüglich Malerei, in brauchbarer Auflösung online verfügbar gemacht wurden. Auch wenn das Netzgedächtnis tendenziell ewig ist, die Historie digitaler Angebote, Apps und Sites ist nicht leicht zu rekonstruieren. Nehmen wir den Stand der Dinge des Herbstes 2019, dann kann an der sogenannten Digitalen Sammlung des Städel studiert werden, was den Unterschied zwischen dem schlichten Upload von Bilddateien und einem ambitionierten Konzept von Vernetzung ausmacht. Es fängt (heute, an diesem Montag, das analoge Museum hat ja montags geschlossen) an, indem es mir Vorschläge macht, wonach ich suchen könnte, zum Beispiel »Jakobsmuschel« oder »Grün«, oder auch »Hochsteckfrisur«. Schon Letzteres bringt mir ein paar Treffer, die einen beherzten Längsschnitt durch 700 Jahre Kunstgeschichte machen. Ich kann aber auch den vorbereiteten »Alben« folgen, die vielleicht weniger überraschende, aber erkennbar relevante Horizonte öffnen: Europa, Klimawandel, Arkadien.

Man könnte »Klimawandel« für ein billiges Modethema halten; stattdessen öffnet das Album, neben den Bildern geschundener Natur, eine überraschende Perspektive auf den Zusammenhang zwischen den extremen Wintern der Kleinen Eiszeit des 16. bis 18. Jahrhunderts und dem Sondersammelthema der »Winterbilder«. Bei Lucas van Valckenborch ist es eine Sicht auf das eisige Antwerpen des Jahres 1575: Auf den ersten Blick ein munteres Wimmelleben; auf den zweiten sieht man frierende Menschen, ein brennendes Haus, Leute in Not. Ich kann nicht nur in die Bild-Details hineinzoomen, sondern sehe sogar am Bildschirmrand, wo genau ich mich im Gesamtbild gerade befinde und wie groß mein Ausschnitt des Originals ist. Ich kann mir in einem Anderthalb-Minuten-Video eine Anregung zum genaueren Sehen geben lassen. Ein zweites Video lässt einen Klimaforscher das Bild anschauen und uns den Klimawandel damals und heute erklären. Alles ohne erhobenen Zeigefinger, alles interessiert, interessierend, andere Kontexte öffnend. Standard ist der Datensatz mit den Fakten zu Format und Technik, zum Maler (Lebensdaten, was gibt's noch von Valckenborch; auch, unter »Werke, die Valckenborch zeigen«, eine Ansicht von Linz mit dem Künstler im Bild), auch zur Erwerbsgeschichte. Jede Angabe zur Datierung, zum Bildinhalt, zu Material und Maltechnik öffnet neue Links, lässt tiefer und unter anderen Aspekten in die Sammlung schauen: Barock, Gemälde, Mischtechnik, Eichenholz, Landschaft oder Stadtansicht. Darunter, tiefer sich verzweigend: Winterlandschaft, Flusslandschaft, Antwerpen usw. – ein ziemlich einladendes Karussell der

Assoziationen und Optionen. Und schließlich, eine weitere Stufe ins Detail, die ikonographische Kleinklassifizierung und Verschlagwortung: Holz sammeln, Eishockey, bis hin zu »sich an einem Feuer [...] wärmen«. Jedes Feld ein Link zu einer weiteren Information, Referenzen, anderen Bildern. Man möchte alle Zeit der Welt haben, sich darin zu verlieren. Wer keine hat, wählt eine Highlights-Tour durch die Gegenwartskunst, die Alten Meister oder die Graphische Sammlung. Ein Zufallsgenerator kombiniert die Elemente »Vollbart«, »Filzhut«, »Faltenwurf«, so lande ich bei Rogier van der Weydens Medici-Madonna. »Mieder«, »Ferne«, »Pflanze« würde mich zu einer Landschaft von Nicolaes Berchem bringen. Gutes Spiel.

Spricht doch

Spricht nicht heißt eine konzeptuelle Skulptur von Franz Erhard Walther aus dem Jahr 1980. Sie steht da, im Städel, beziehungsweise gerade nicht, denn ihr »Status« ist aktuell »nicht ausgestellt«. Stünde sie da, man wäre vielleicht vorbeigegangen, trotz der Größe von 2,75 m, schaute man doch auf eine Art Präsentationsmöbel aus Holz und rotem Baumwollstoff.[41] Fehlt da was? – Nein, da fehlt nichts, und wir Besucher der digitalen Städel-Wunderkammer wissen das, zu uns spricht die Skulptur nämlich doch, denn der Künstler erzählt von seinem Werk; danach klappt's auch mit *Spricht nicht*.

Die Reichtümer des Digitalen Städel erzählen viel und kosten mich nichts, nicht einmal eine E-Mail-Adres-

Sagt mir was: Franz Erhard Walther, »Spricht nicht«, 1980

se. Gibt man sie dennoch an, kann man seine eigene Bil-
der-Playlist zusammenstellen. Diese Digitale Sammlung
hat vermutlich eine Menge Hirnschmalz, IT-Aufwand
und Geld gekostet. So was können nur große öffentliche
oder private Spieler, auch die in einem Dazwischen an-
gesiedelten Stiftungen wie das Städel – diskret weist ein
Logo am Ende des Walther-Videos auf den Beitrag der

Deutschen Bank hin, ansonsten wird man von Sponso-ren-Kotaus freundlich verschont.

Dem Frankfurter Museum ist gelungen, was meist nicht gelingt: seine Ziele in Bezug auf Kuratierung, Wirk-samkeit und Vermittlung nicht nur in die Online-Präsenz zu verlängern, sondern auch, die Verlinkungslogik des Internets effektiv nutzbar zu machen. So wird evident, dass schon die analoge Sammlung ein Netz von Bezügen, Einflüssen, Folgen und Ahnungen ist; dem erfahrenen Kunsthistoriker ist das nichts Neues, hier aber werden auch nichtprofessionelle Nutzerinnen und Nutzer ele-gant, komfortabel und schlank mit Informationen und Anregungen versehen, die den Appetit auf Mehr spie-lerisch stimulieren. Was als Privatsammlung des Bür-gers und Bankiers Städel begonnen hat, entfaltet eine weltweite Sichtbarkeit, und wer sich, vertraut mit der Digitalen Sammlung, aus Ohio oder Castrop-Rauxel oder Bockenheim in die nichtvirtuellen Räume des Hauses am Main begibt, wird auf viele gute Bekannte treffen. Wird sie, wird er denken: Kenn ich schon, langweilig? – Den physisch-real-analogen Besuch eines Museums gegen sei-ne smarte Online-Präsenz auszuspielen, ist in der Bilden-den Kunst so kurzsichtig wie, so soll hier als Vorannah-me formuliert werden, in den anderen Künsten. Ein gut strukturiertes Vorwissen hilft einer differenzierteren Wahrnehmung. Man sieht nur, was man weiß – der zur Reiseführerreklame verkürzte Ausspruch Goethes (»Man erblickt nur, was man schon weiß und versteht.«) hat ja einen wahren Kern. Städels Reichtümer glänzen on-line, Tag und Nacht und überall, und die Zugänglichkeit nimmt der »Aura« des Originals gar nichts, sondern erspart vielmehr die traurige Erfahrung, in den Riesenmuseen der Welt an einem Vermeer, Tizian, Dürer vorbeizugehen, deren Wert in diesem Moment der persönlichen Begegnung aber nicht ermessen zu können, erschlagen von so viel anderem. Der Fußmarsch durch die Kunstgeschichte kann ganz schön anstrengend sein. Wer durch die Online-Sammlung seine Interessen sortiert hat, die Möglichkeit einer Vor- oder Nachbereitung nutzt, kann das Erlebnis nur vertiefen.

Das Städel-Beispiel wird Schule machen. Auf den Seiten der großen Museen kann man schon allerhand finden, allerdings darunter viele Beispiele für weniger nutzerfreundliche Anwendungen, nichtintuitive Führungen, minderwertige Auflösung, fragwürdige Auswahl, enttäuschte Erwartungen auf vertiefende Information. Digitale Doofheit ist die Regel, das Städel die Ausnahme.

Weltkunst per Street View: Google Arts & Culture

https://artsandculture.google.com

2011 ging *Google Arts* online, heute als erweitertes *Google Arts & Culture* eine Plattform kunstbezogener Anwendungen. Nicht ganz zehn Jahre später ist eine ambitionierte Baustelle zu besichtigen. Rund 250 der wichtigsten Kunstmuseen sind mit Zusammenstellungen ihrer Highlights vertreten,[42] viele Tausend Werke auffindbar, sortiert nach Urhebern oder Entstehungszeiten, Epochenzuordnungen. Mit Google Arts & Culture ist es möglich, in eine Handvoll bedeutender Werke in hochauflösender Darstellung zu zoomen, und per Googles *Street View* eine Reihe von Museen in einem »virtuellen Rundgang« zu erkunden. Zwei große Versprechen auf irgendwie immersive Begegnungen mit Kunstwerken und Kunsträumen, die (im November 2019) noch nicht sehr überzeugend eingelöst werden. Keineswegs gleitet man geschmeidig und frei durch die Kabinette des Rijksmuseum Amsterdam oder der Frick Collection New York, und auch das Zoomen setzt zumindest hohe Rechner- und Netzleistungen voraus. Die Verlinkung von Werken mit Ähnlichkeitsmerkmalen führt sofort in die Irre: Dürers *Betende Hände* werden in einen Zusammenhang mit der Fotografie eines Getreidespeichers in Oklahoma von 1908 und einer Serie von Luftaufnahmen aus Alaska aus den 1960er Jahren gesetzt – weil alles ziemlich grau. Dass sich ein Unternehmen wie Google solche Blößen gibt, überrascht denn doch. Auch inhaltlich läuft man bei den knappen Kommentaren zu einzelnen Stücken schnell vor Wände, kein Vergleich zur Kuratierungsleistung etwa des Städel. Wir befinden uns offensichtlich noch im Stadium der Spielerei, immerhin wird hier aber heute schon vorstellbar, wie Googles digitales Weltmuseum einmal aussehen wird.

Welche Chancen der Erschließung von Kunstwerken die große Online-Wunderkammer bereithält, lässt sich bislang weniger beim Flanieren durch digitale Museums-Street-Views erfahren, sondern in den eher klassisch geführten, aber gut gemachten Online-Ausstellungen, die über die einzelnen Institute auffindbar sind, etwa eine Tour en détail durch Vermeers faszinierende *Briefleserin*.[43] Ein schlichter *Pageflow* führt vom Bildganzen in die Einzelheiten, kurze, aber instruktive Texttafeln liefern gute Fragen: Wurde die Leserin von der Post, die sie so selbstvergessen liest, beim Ankleiden überrascht, da das Schmuckkästchen auf dem Tisch vor ihr noch offensteht? Hat ihre Jacke so einen eigenartigen Schnitt oder ist sie schwanger? Was zeigt die Landkarte an der Wand? Man staunt über Vermeers Meisterschaft bei der Genauigkeit des doppelten Schattenwurfs, am Beispiel der Stuhllehne; während die Hauptperson des Bildes keinen Schatten wirft. Wer die kleine Tour durch ein einzelnes Bild mitgemacht hat, wird vor dem Original mehr sehen. Werde ich aber wirklich schlauer, wenn allerhand Details in Bruegels *Sturz der rebellierenden Engel* in einem Drei-Minuten-Video animiert werden wie in einem Schattentheater, eine wenig überzeugende Illusion der Mehrdimensionalität des grausamen Kampfgeschehens zwischen Gut und Böse, verrührt mit erhaben verhallter Chormusik?[44]

Schaut man sich Google Arts & Culture genauer an, wird klar: Hier wurde vor allem eine Struktur geschaffen, zielend auf die Vernetzung im Sinne einer Art von Meta-Museum, mit ein paar technischen Clous, aber auch einiger Fadenscheinigkeit. Allein die Nachricht, dass das allmächtige Google sich so eine Kartografie von Kunst im globalen Maßstab vorgenommen hat, vermochte zu beeindrucken. Die schwache Seite dieses und anderer Giga-Projekte liegt auf der Seite der konkreten

Nutzung, denn endlose Trefferlisten machen müde und nicht neugierig. Man schaut sich ein paar prominent platzierte Highlights oder technische Gimmicks an, das war es aber in der Regel. Nehmen wir das Alte-Welt-Gegenprojekt *Europeana* ruhig dazu.

Europa endlos: Europeana

www.europeana.eu/portal/de
Haben deren Entwickler ihre »Mission« etwa vom Google-Übersetzer anfertigen lassen? – »Wir verwandeln die Welt mit Kultur! Wir wollen auf Europas reiches Erbe aufbauen und es Menschen einfacher machen, dieses zu nutzen, ob für die Arbeit, zum Lernen oder einfach nur zum Spaß.«[45] Die Verwandlung der Welt »mit Kultur« stellt sich, trotz des beherzten Ausrufezeichens, eher mühsam dar – ein gewisser Mangel an sprachlicher Eleganz lässt das vielleicht schon befürchten. Hier waren Bibliothekare der alten Schule am Werk, nicht *User-Experience*-Experten. *Europeana* wurde 2009 als Nachfolgeprojekt früherer Unternehmungen neu aufgelegt, ein Portal, das Zugang zu Bildern, Texten, Tönen, auch Themengeschichten eröffnet, die in ihrer Gesamtheit das europäische kulturelle und wissenschaftliche Erbe verfügbar machen sollen. Eigentlich ist Europeana eine Meta-Suchmaschine, die zu den Digitalisaten der Aggregatoren führt, etwa der Deutschen Digitalen Bibliothek, die wiederum aus einer Vielzahl von Bibliotheken, Museen, Archiven gefüttert wird. Europeana ist ein politisches

Projekt, mit der gut begründeten Intention, dieses »Erbe« (warum nicht auch die Gegenwart?) digital zu erschließen, Netzwerk und Archiv zu sein im rasenden Vergessen der Allpräsenz von allem. Man hört die sicher großen Worte und Hoffnungen, mit denen das gewiss einmal begrüßt wurde. Auf eine verrückt genaue Weise manifestiert Europeana Europas Stärken und Schwächen, denn die teilnehmenden Institutionen teilen ihre Schätze natürlich nur unter Wahrung ihrer Autonomie. Man wird weitergeleitet, und nicht selten dauert das oder man landet gleich in der Irre. *Proxy Error.* Zum Sofortverzehr gibt es obendrauf, nicht anders als bei Google, ein paar redaktionell zusammengestellte »Ausstellungen«: »The Rise of Literacy in Europe« etwa, »Greek Song in the 19th and 20th Century« oder »Visions of War«, dargeboten in eher kleinteiligen Kapiteln. Das Design ist mehr zweckmäßig als attraktiv und lädt nicht gerade ein, sich in den Tiefen dieses Euro-Netzwerks zu verlieren. Das ist schade, denn es gäbe sicher manches zu entdecken. Einstweilen bleiben die »57.817.058 Kunstwerke, Artefakte, Bücher, Videos und Audios« ein, wenn nicht totes, so doch schwer winterschläfriges Kapital. Immer wieder werden einem große Zahlen präsentiert, wird stolz darauf verwiesen, wie viel Zeug da zu finden wäre. Man kann das auch abschreckend finden. Oder auch und zugleich: für einen so großen Plan eigentlich gar nicht so viel.

So ergibt sich für das amerikanisch-privatwirtschaftliche wie für das europäisch-öffentlich finanzierte, kulturministerielle Projekt ein überraschend ähnlicher Befund: Es wurden Grundstrukturen geschaffen, aber es hapert an der Qualität der Erschließung, Kuratierung, sogar an der Funktionalität. Schauen wir, wie das wird. Einstweilen wirkt hier vor allem die Magie eines Versprechens, und das gute Gefühl, das alles virtuell verfügbar zu haben, überwiegt den tatsächlichen Nutzen und Genuss. Das haben die großen Online-Portale, Archive und Plattformen mit einer reich bestückten analogen Bibliothek gemeinsam: Das könntest du alles lesen.[46]

Am anderen Ende der Welt:
Kenneth Goldsmiths »UbuWeb«

www.ubu.com

An einem Ende der digitalen Welt herrschen die Global Player, am ganz anderen liegt Ubus Reich. Auch bei *Ubu-Web* geht es um die Sammlung, Ordnung und Verfügbarmachung von als wertvoll qualifizierten Inhalten, aber hinter UbuWeb steht kein Konzern, keine Institution und kein politisches Konstrukt, sondern ein Künstler und Dichter aus New York, den die frühe Erfahrung von Computer und Internet auf das poetische Verfahren »unkreativen Schreibens«, eine Art *Reframing* fremden Materials, gebracht hat. Im Wikipedia-Artikel über Kenneth Goldsmith[47] findet sich ein schönes Bilddokument seines Projekts *Printing out the Internet*.

Kann man machen. Man kann auch aus einer Ausgabe der New York Times ein unlesbares 836-Seiten-Buch mit dem Titel *Day* machen.[48] 1996 ging Goldsmith mit einer Seite für Konkrete Poesie online und nannte sie nach Al-

»Printing out the Internet« (2013): Kenneth Goldsmith, lässig in der Überfülle

fred Jarrys absurdistisch-maßlosem König UbuWeb. Das Ganze wuchs sich zu einem Online-Archiv für audiovisuelles Material, avantgardistische Kunst und Wissenschaft aus. Goldsmith nahm sich die künstlerische Freiheit, sich um Rechteangelegenheiten nicht zu kümmern, was überraschenderweise funktionierte: Es gab keine Klagewelle, einem Goldsmith lässt man durchgehen, was man Google nie gestatten würde. UbuWeb ist frei, nimmt kein Geld (außer von Mäzenen), zahlt keines, zeigt keine Werbung, kümmert sich wenig um Benutzerführung, pflegt eine minimalistische Gestaltung. Davon wird sich nicht abhalten lassen, wer sich für den Mitschnitt von Jacques Lacans Auftritt vor Studierenden der Université catholique de Louvain aus einem puristischen Schwarzweiß-Dokumentarfilm aus dem Jahr 1971 interessiert, mit nicht nur einer gewagten Freud-Lektüre, sondern auch einem modisch gewagten Schluppen-Hemd und einer auffällig gebogenen Zigarre. Oder für einen von Navajo-Indianern 1966 produzierten Experimentalfilm, auf den man als Fehl-Link stößt, wo man ein Interview mit dem argentinischen Schriftsteller Julio Cortázar angeklickt hat. Oder eine Zweieinhalb-Minuten-Dokumentation von Cindy Shermans *Doll Clothes* (1975), ein Portrait des rätselhaften Rockhelden Captain Beefheart von Anton Corbijn (1993) oder Joseph Beuys' *Filz TV* (1966), in dem er einen Fernseher mit Boxhandschuhen traktiert. Ob die im Wiki-Artikel aufgestellte Behauptung, UbuWeb sei »mit einigen Zehntausend Werken [...] 2017 größer als die digitale Sammlung des Museum of Modern Art«, wohl auch heute noch stimmt? Die meisten der in UbuWebs Film- und Videoschublade aufgehobenen Streifen finden sich inzwischen auch auf YouTube. Aber würde man sie dort auch suchen? – »An einem entlegenen Ort« heißt es manchmal in wissenschaftlichen Kommentaren, wenn ein Beleg nur in einer kaum auffind- und zitierbaren Quelle zu entdecken war. Dass das Internet das Nichtre-präsentative nun auch präsentiert, erlaubt Entdeckun-gen und glückhafte Funde, ohne dass man in Keller und Archive steigen müsste.

Original digital: In der »Biblioteca Ambrosiana« in Mailand

Die Ambrosiana im Zentrum von Mailand ist ein ehrwürdiges Institut, gegründet 1607 durch den Kardinal Federico Borromeo, getauft auf den Namen des Mailänder Kirchenvaters Ambrosius und schon 1609 für die interessierte Öffentlichkeit zugänglich gemacht.[49] Eine Wunderkammer ihrer Art. Die Bibliothek und die ihr nur ein Jahrzehnt später angeschlossene Pinakothek besitzen Handschriften von Petrarca, Boccaccio, Galilei, seit 1637 den immensen *Codex Atlanticus* von Leonardos Hand, eine Locke von Lucrezia Borgia, Raffaels Vorzeichnungen für die *Schule von Athen*. Ein sammlungshistorischer, kunstgeschichtlicher und ästhetischer Fluchtpunkt der Kollektion ist Caravaggios *Fruchtkorb*, gemalt um 1600, eines der Stücke aus dem Urbestand, von herausragender Qualität und Bedeutung, für sich und für die Geschichte des Stilllebens, die hier beginnt.

An diesem Tag im Frühjahr 2019 sind Caravaggios Früchte ausgeliehen an den Palazzo Reale Milano. An ihrer Stelle befindet sich aber eine digitale Kopie: ein aus sich heraus eigentümlich leuchtendes Objekt, erst auf den zweiten Blick erkennbar als gerahmter Screen, tatsächlich auch bei näherer Betrachtung bemerkenswert genau, nicht »pixelig«, aber man würde es auch nicht für das Original halten, es ist das Bild, nicht seine Materialität, der Farbauftrag etwa.

Eine kleine Tafel neben dem Objekt informiert, dass es sich hier um eine »Digital Artwork«-Reproduktion

Abdruck des Fotos der Kopie des Meisterwerks: Caravaggio, »Fruchtkorb« (um 1600)

handelt, »produced in limited series and authenticated, numbered, certified and protected with patented digital encryption system. The remarkably high technological content makes it absolutely uncopiable and guarantees its uniqueness«, wie uns die Website informiert.[50]

Das unter dem Namen *Cinello* vermarktete Patent schlägt damit, im Zentralraum eines besonders traditionsreichen Museums, schon verblüffend arglos eine Brücke zwischen der analogen und digitalen Sphäre, indem die gewohnten Kriterien der Authentizität einfach auf das digitale Artefakt übertragen werden: Zertifizierung, Nummerierung, Schutz durch Patente und, erstaunlich, die Behauptung absoluter Unkopierbarkeit. Letzteres erscheint nun von schon krachender Ironie, und an den Erfolgsaussichten des Geschäftsmodells, digitalisierte

Hinter Glas, durch Glas: Leonardo da Vinci, »Bildnis eines Musikers« (1485)

Meisterwerke gerahmt in die Salons kunstsinniger Technofreaks zu verkaufen, sind Zweifel angebracht. Andererseits wäre nichts gewonnen, wenn der entliehene Früchtekorb gar nicht oder nur als Fotografie zu sehen wäre. Man kann sich diese digitale Version aus der Nähe sehr genau ansehen, sollte nur die Finger bei sich lassen, die womöglich dem Reflex nachgeben wollen, per Wischen und Spreizen in den Fast-Original-Caravaggio zu zoomen. Und ein Hauch von Aura ist dem Digital Artwork nicht abzusprechen.

Ein paar Räume weiter stößt man auf eine andere analog-digitale Konstellation, Leonardos *Bildnis eines Musikers* aus dem Jahr 1485, auch dies eines der Prunkstücke der Ambrosiana. Gleich neben dem in einer Panzerglasvitrine postierten Gemälde, die den Gegenstand zugleich auratisiert und den Betrachter auf Abstand hält, ist Leonardos Feinarbeit auf einem Bildschirm noch einmal zu besichtigen. Die Farben sind, wegen der offenbar für diese Detailbetrachtung nötigen Aufhellung, kaum eine Erinnerung an das dunkel schimmernde Original, aber wie der Blick des Musikers malerisch gemacht ist, wird hier anschaulich. Auch wenn man die Juxtaposition von Leonardo und seinem Digitalisat in unmittelbarer Nachbarschaft museumsästhetisch fragwürdig findet: Sie inspiriert natürlich dazu, zwischen beiden Exponaten hin- und herzugehen, am gezoomten Detail Entdecktes am Original wiederzufinden, umgekehrt Unklares am echten Musiker in seinem Digital-Double zu analysieren. Die Aufstellung punktet didaktisch, aber korrumpiert doch die Begegnung mit einer Ungeheuerlichkeit, die uns, angesichts der unendlichen Reproduzierbarkeit von Artefakten und ihrer potenziellen Allgegenwärtigkeit, vielleicht heute erst wieder bewusst wird: ihrer Einzigartigkeit, nur einmal und an einem Ort zu sein.

Digitalisate können Hilfsmittel sein, der Mikroskopie, der Recherche, der Wahrnehmung von ikonographischen Zusammenhängen, Ähnlichkeiten, der erhellenden Verfremdung, sie können sogar Platzhalter sein – das ist nicht wenig. Man kann sie nützlich finden und die Frage, ob digitale Abbilder nur Trittstufen zum alleineinzigen Original sind oder von eigenem Wert, irgendwie sekundär-auratisch (wie Gipsabdrücke antiker Skulpturen) gelassen für sich beantworten.

How to Opera. Anna Stumpf erklärt Beethoven

www.how-to-opera.de

Wie kann man das TED-Format erklären? Im Wesentlichen sind das unterhaltsame kurze Frontalvorträge, gern mit PowerPoint, die einen Gedanken, Zusammenhang, eine nicht zu weit ausgreifende interessante Geschichte einem analogen, physisch vorhandenen Publikum so erklären, dass die abgefilmte Videoversion davon eine womöglich exponentiell weitere Verbreitung finden kann. Kommt aus den USA, wird aber auch im westfälischen Münster gepflegt, etwa von einer freundlich-kommunikativen jungen Frau, die in zwölf Minuten mit den drei hartnäckigsten Vorurteilen gegen Oper aufräumt, nämlich teuer, langweilig und unverständlich zu sein.[51] Das macht sie, aus unverstellter Ich-Perspektive (»dachte ich auch, ist aber ganz anders«), ziemlich pfiffig, vor allem, weil sie ihr professionelles Potenzial einsetzt: Als Interaction-Designerin hat sie Erfahrung mit der Analyse komplexer Sachverhalte, und was bei Software geht, kann auch helfen, unverständliche Opernplots zu analysieren und auf einen schnell nachvollziehbaren Kern zu kondensieren und, das ist überhaupt der Dreh von *How to Opera*, zu visualisieren. Nehmen wir *Fidelio*:[52] Zwischen »Leonore verkleidet als Fidelio« und »Florestan / Gefangener« gehen Herz-Pfeile hin und her, klarer Fall von Liebe. Zwischen »Marzelline / Tochter von Rocco« und »Fidelio« nur in einer Richtung, von »Jaquino / Pförtner« zu »Marzelline« dito. Die Namen stehen in Kreisen, die in einem Liniensystem nach Stimmlagen sortiert sind. Es gibt für jeden Akt eine (horizontale) Handlungszusammenfassung, darunter für alle Figuren vertikale Zeitpfeile, mit Blasen, in denen knapp steht, was bei ihnen geschieht. »Florestan singt über sein Unglück«, steht etwa auf der Florestan-Achse am Beginn des zweiten Akts: »Nur weil er die Wahrheit gesagt hat, muss er im Gefängnis sitzen. Er schläft ein.«

Ist damit gesagt, was in der großen Kerkerszene »Gott! Welch Dunkel hier« und in Florestans erschütternder Erinnerung an »des Lebens Frühlingstage« gesagt wird? – Keineswegs. How to Opera will erst mal nur die ungefähre Antwort auf eine einfache Frage geben: Was hat er denn? Die stellt sich einem *Fidelio*-Einsteiger ja durchaus, der zunächst mit einer Fremdheitserfahrung umzugehen hat: Man hört einen Mann in extrem hoher Lage singen, die ihn mit erheblicher Anstrengung »zur Freiheit, ins himmlische Reich« tragen soll (sofern der oder die Einsteigerin den Text überhaupt versteht), wobei der Gestus dieses Singens aber eben nicht Freiheit und erlöste Himmlischkeit bedeutet, sondern einen Tenor in Ketten, der sich im Brustregister fast selbstzerstörerisch in Höhen quält, die der Stimme kaum zuträglich sein können.

Worauf Beethoven wohl zielte, auf ein einprägsames, uns bewegendes Bild menschlicher Geworfenheit ins kalte Dunkel einer Welt, die der Freiheit und des Lichts so sehr bedarf, dass der Schrei danach die Grenzen eines moderaten Wohlklangs überschreiten muss, ohne Rücksicht auf die physischen Gegebenheiten einer Männerstimme – worauf es zielt und ankommt, erklärt die

How-to-Opera-Plot-Präsentation also nicht. Sie skizziert ein Setting und hilft, sich im Dunkel einer möglicherweise irritierenden Erfahrung etwas zu orientieren. Sie suggeriert Übersicht aus didaktischer Intention, und warum nicht, denn damit wird eine Voraussetzung geschaffen, ohne die eine erste Einlassung auf das komplexe Kunstwerk Oper kaum möglich ist. Mit ästhetischer Erfahrung hat das noch wenig zu tun. Davon, wie oberflächlich auch immer, erzählt die inzwischen, nach einem Zufallsbesuch der handlungsmäßig ja auch hinreichend verwirrenden Operette *Der Vetter aus Dingsda*, an die Oper verlorene Interaction-Designerin in einem den Visualisierungen von *Fidelio*, *Carmen* und *Cosí* vorangehenden TED-Video *Einstieg in die Opernwelt*. Sie tut das mit einer sympathisch unprätentiösen Einfachheitseleganz, feiert aber Unterkomplexität nicht als des Pudels Kern. Als niederschwelliges Vermittlungsangebot durch Visualisierung macht sich die Seite nützlich. Das könnte sie auch zwischen Buchdeckeln, aber in der Darreichungsform einer Website passt How to Opera zum Online-Anspruch kostenloser Niederschwelligkeit. Auf die unter dem YouTube-Video gestellte Frage: »Why Opera fits into the Digital Age« wird aber keine Antwort gegeben.

Der TED-Vortrag ist ein durch YouTube verbreiteter analog gehaltener Vortrag vor analogem Publikum; die Skizzen der Opernhandlungen einfache Grafik. Die falsche Frage scheint symptomatisch für nicht wenige Vermittlungsprojekte im Netz, sie schürt eine Erwartung, die sie nicht erfüllen kann. Es wird ja geworben für reale Besuche in steinernen Opernhäusern, für die man sich Tickets besorgen soll und was Nettes anziehen. Das sind für Einsteiger schon Anforderungen, die aber, so die Vermittlerin, überwindbar sind: Es ist gar nicht so teuer, und man kann anziehen, was einem gefällt. Als Belohnung wird eine ästhetische Erfahrung versprochen, über die aber offenbar nur pauschal gesprochen werden kann. Anna Stumpf spricht vom Unterschied, den es macht, auf Bildschirmpixel zu schauen oder in die Augen eines wirklichen Menschen auf einer Bühne, und wie Gesang, nicht zufällig hoch oder auch sehr tief, eine Steigerung der Emotionalisierung erreicht, die auch durch immer größere, höher auflösende Screens kaum möglich ist. »Das habe ich zuvor nie erlebt, und irgendwie hat mich das berührt«, sagt sie – darin liegt durchaus ein Versprechen. Sie erzählt dann noch von einem wohl experimentellen Opernprojekt, bei dem sie für einen Moment mit einem Sänger allein in einem Raum war, der nur für sie gesungen habe, sie habe weinen müssen, obwohl sie gar nicht traurig gewesen war, »seitdem bin ich infiziert fürs Leben«. Sie habe inzwischen auch sechzehn Stunden *Ring des Nibelungen* hinter sich: »Es gibt nichts Besseres.«

Anna Stumpf erzählt eine im Sinne gelingender Vermittlung gute Geschichte. Sie beginnt mit einer Fremdheits- und Ratlosigkeitserfahrung angesichts von bei einer Social-Media-Verlosung gewonnener Operettentickets und führt über einen Vorgang, den sie Infizierung nennt, zur Erschließung eines neuen Erfahrungshorizonts, vor dem die Lust am Augenblick mit dem Wunsch nach mehr zusammenfällt. Es ist dieses Oszillieren zwischen Verlangen und Befriedung, den etwa Schubert so besonders genau komponieren konnte und den er in einem Rückert-Gedicht[53] wörtlich findet: »... die Sehnsucht du, und was sie stillt.«

Davon spricht Anna Stumpf, sie spricht zu anwesenden Personen, das ist die älteste Kommunikationsform, sie nutzt das Internet nur als Verbreitungsmedium und den TED-Vortrag, um die Plot-Visualisierungen einzelner Opern einzuleiten. Ironischerweise führt die Erwartung zu erfahren, warum Oper ins digitale Zeitalter passt, zur Stimulation von Neugier auf die nichtdigital vermittelte Erfahrung von Kunst, etwa darauf, einem singenden Menschen analog zu begegnen. Die Antwort auf die Frage nach dem Ort des Gesamtkunstwerks Oper im digitalen Zeitalter ist damit nicht gegeben; allenfalls eine Möglichkeit, das Internet als Kanal einer Vermittlungsarbeit zu nutzen, die sich an der kühlen, dezidiert un-blumigen Analysemethodik, wie sie etwa eine Interaktions-Designerin beherrscht, orientiert. Was im unsichtbaren Raum zwischen den Figuren in Mozarts *Cosí fan tutte*, in Rossinis *Barbiere* alles geschieht, können Anna Stumpfs Pfeile und Herzchen nicht sichtbar machen, sie können aber einen Rahmen geben, ein How-To eben, eine Übersicht, die dabei helfen kann, sich auf Vielschichtigkeit einzulassen. Auf welche Weise Oper und digitales Zeitalter nun zusammenpassen, bleibt zumindest eine gute Frage. Wir wollen sie im Kopf behalten.

Für fortgeschrittene Anfänger: Online komponieren

www.wiki-piano.net

Natürlich wird heute auch am Rechner komponiert, vermutlich überwiegend. Aber lang und schön sind die Schatten der Vergangenheit, wo das Komponieren neuer Musik nebenbei auch kalligrafische Meisterwerke hervorbrachte. Nicht bei Beethoven, der ja eine rechte Sauklaue hatte, aber sicher bei Bach und Berg, und noch bei Hans Werner Henze war der Akt des Festhaltens von geträumten Klängen eine Liebesgeschichte zwischen Bleistift und Papier, kleine akkurate Punkte auf riesigen Bögen. Was Notenschreibprogramme auswerfen, sieht dagegen immer gleich perfekt aus, manche Komponisten lieben das, andere vermissen das Moment des Widerstands im Material, die Konzentration, wenn ein Fehler eben nicht per Löschtaste zu korrigieren ist, sondern radiert werden muss, was Arbeit ist und Spuren hinterlässt. Man kann das einer Schaffensromantik zuordnen, die irgendwie aus der Zeit fällt, aber das gilt ja für die Neue Musik ohnehin ein wenig so. Auch das einsame brütende Genie, über dem woher immer Geistesblitze zucken, ist längst dekonstruiert, einen Wolfgang Rihm vielleicht ausgenommen. Neue Musik hat heute eher was von Forschungsarbeit im Labor; insofern kann es fast wundern, dass die Möglichkeiten der digitalen Welt gerade da, wo es um das Neue geht, nicht beherzter genutzt werden. Nicht als Steuerungsinstrument, wo etwa analoge und elektronische Sound-Elemente ineinander zu passen sind, sondern als kreative Freifläche selbst.

Nicht jeder kann ein Schubert sein. Alexander Schubert, geboren 1979 in Bremen, studierte Biologie und Informatik, bevor er sich, mit Professuren am ZKM Karlsruhe, in Hamburg und Lübeck der multimedialen Komposition, Live-Elektronik mit audiovisuellen Elementen, also Schnittstellenarbeit im weiteren Sinn zuwandte.[54] Das hilft, den Blick zu weiten für das, was so nie möglich war und heute möglich ist. Etwa das Partizipationsprojekt einer offenen Kompositionsplattform, auf der jede Userin, jeder User seine Notenpünktchen dazugeben kann. Alle Parameter sind veränderbar, das Ergebnis ist sofort abzuhören und schreibt sich in die künftige Aufführungspraxis ein: »You – the visitor of the website – is invited to edit and change the piece however you like. There are no wrong choices. Every change you make will be performed by the performer the next time the piece is played. So everything you do here has an impact on the upcoming concerts. You can change texts, move around notes, include images and videos and sounds.«[55]

Das ist, bezogen auf Kriterien wie Interaktion und Partizipation und auf den Prozess der Kreation, gut gedacht. Vom Ergebnis her gesehen, jedenfalls an diesem 18. Dezember 2019, nicht so faszinierend, auch wenn es originelle *Incentives* durch den Moderator des Projekts gibt: Bilder, Videos, Sounds. Man kann vielversprechende Anweisungen wählen, »Question authority« oder »Stand up and walk around the piano«, für Titelgebung ist »The embassy of disappointment« zuständig. Eine in diesem Zusammenhang sinnvolle Einrichtung, denn hier ist vor allem der Weg das Ziel: Die Schwarmintelligenz muss das partizipativ offene Komponieren wohl noch für sich entdecken. Immerhin testet hier ein Komponist mit IT-Interesse und -kompetenz einmal, was das Medium können könnte, außer Texte, Bilder, Töne verfügbar machen. wiki-piano.net ist Teil einer Reihe von *community pieces*, Einladungen zum Online-Spiel mit anderen, ein Anfang.

Schubert minus one two three: Quartett-Spielen im virtuellen Konzerthaus

www.virtuelles-konzerthaus.de
Auch weil es hier vor allem um den Prozess, um das Unfertige geht, widerspricht Schuberts Projekt unserer Vorstellung vom »Werk«. Denn wenn es um Musik geht, um »klassische« jedenfalls, sind wir umzingelt von Perfektion: alles immer richtig und komplett. Musiker hassen Fehler und lieben das vollkommene Resultat. Dabei ist es für die, die bloß zuhören, im Maschinenraum des noch nicht Fertigen oft spannender (das Fehlen einer Kultur der Fehlertoleranz in der Musik wird uns noch beschäftigen). Der App *Konzerthaus Plus*, ein Zusatzangebot des *Virtuellen Konzerthauses* (dessen analoges Gegenstück steht in Berlin) geht es darum, ein Wunderwerk wie das d-Moll-Streichquartett *Der Tod und das Mädchen* von Schubert (jetzt Franz) so in seine Einzelteile, also: Stimmen zu zerlegen, dass einem die Summe dieser Teile im Ganzen und ganz neu vorkommen kann.[56] Hier erschließt sich das Werk aus der Perspektive der Einzelstimme, etwa der

Sayako Kusakas (1. Violine), Johannes Jähnels (2. Violine), Amalia Arnholdts (Viola) oder Felix Nickels (Cello). Zusammen sind die vier Musiker das *Konzerthaus Quartett*, im analogen Konzerthaus jedenfalls. Fraglos Asse an ihren Instrumenten.

In die virtuelle Zone geraten sie als Spielkarten-Asse, die man herunterladen, ausdrucken und zu Hause auf dem Tisch auslegen kann, in jeder beliebigen Anordnung übrigens. Mit der App des virtuellen Konzerthauses öffnet sich die Handykamera, und wenn eine oder mehrere der Quartettkarten in den Sucher geraten, geschieht Zauberei: Sayako Kusaka etwa, die Primaria des Konzerthaus Quartetts, wächst im Bildschirm meines Smartphones, der gerade noch meine Schreibtischunterlage mit der Spielkarte zeigte, in plastischer Optik heraus wie eine Bonsai-Sayako, die auf meinem Schreibtisch steht. Mein ganzer Krimskrams um sie herum, in ihrem roten Kleid, eine anmutig Geige spielende Zwergin, die ich von vorn, oben, der Seite angucken kann.

Ich kann auch den Play-Button drücken, dann schaut mich Sayako kurz freundlich an, hebt den Bogen und spielt die erste Violinstimme von *Der Tod und das Mädchen*. So wie es jemand für sich spielt, bevor die Quartettkollegen dazukommen. Lege ich den Cello-Zwerg Felix daneben, höre ich Schubert ohne Mittelstimmen – und was da alles fehlt. Oder ich fokussiere mich einmal nur auf die Bratsche: Wie sehr dient sie, wie sehr ist sie eigene Stimme? Was Goethe ein Gespräch unter vier vernünftigen Leuten nannte: Der Mehrwert des Zusammenklangs wird anders erfahrbar, wenn die Monologe,

Dia- und Trialoge in allen denkbaren Konstellationen vor Ohr (und Auge) kommen.

Diese Sorte Quartett funktioniert auch als Party-Spaß, es stimuliert den Spieltrieb, führt aber schnell zum Kern der Sache Kunst, und wer die vier Zwerge einmal auf seinem Schreibtisch hat loslegen lassen, wird D 810 genauer, differenzierter hören, auch ohne virtuelle Heinzelmännchen.

Zukunftsmusik: Effektorium, Virtual Reality

Im Mendelssohn-Haus in Leipzig geht man gleich ein paar Schritte und Stimmen weiter, nämlich in den symphonischen Maschinenraum. Im *Effektorium*[57] nehmen User und Userin Position und Funktion des Dirigenten in einem Orchester aus Sound- und Licht-Stelen ein, vor sich die Partituren einiger exemplarischer Werke Mendelssohns, dazu jede Menge Optionen: Wie beim Konzerthaus Quartett kann man einzelne Instrumente oder Gruppen separieren – was beim *Sommernachtstraum* oder der *Reformations-Symphonie* schon ein Hauptvergnügen ist, mit Blick auf die Instrumentationskunst, die hier waltet. Eindrucksvoll auch der Wechsel zwischen »moderner« und »historisch informierter« Aufführungspraxis: andere Stimmung, anderer Sound, andere Welt.

Das Versprechen, einmal dirigieren zu dürfen, wird dann nur zum Teil eingelöst: Die Bewegungen des Stabs steuern, über Bewegungssensoren, Tempo und Dynamik – und wenn man was falsch macht, ertönt auch ein

Sommernachtstraum im Neonlicht: Das »Effektorium« im Mendelssohn-Haus Leipzig

ziemlicher Unsinn. Aber von den Sensationen von All-
macht und Immersion, die im symphonischen Kommu-
nikationsflow durch den Dirigenten zu einem (sensibel
reagierenden) Orchester fluten, davon erlebt man kaum
mehr als eine Ahnung.

www.philharmoniadigital.co.uk/digital/
virtual_reality_and_apps
Unstillbar west, hinter den so leicht verfügbaren Konser-
ven, die Sehnsucht nach der »totalen« oder wenigstens
erweiterten Erfahrung von Musik – Musik vor allem,
aber natürlich auch von Film, Kunst, Theater. Für Richard

Wagner war das »Gesamtkunstwerk« zwar zunächst gemeint als kunstpolitische Wiederzusammenführung
aller »Kunstbestandteile« – Wort, Bewegung, Musik,
Bild –, deren (angenommene) Trennung mit dem Verfall
des athenischen Staatswesens er im Musikdrama des
19. Jahrhunderts zu heilen gedachte. Theaterpraktisch
aber kam er dem Wunsch nach Immersionserfahrungen
mit dem Festspielhaus von Bayreuth schon recht nah;
Wagnerianer können ein Lied davon singen. Unsichtba-
res Orchester, Bühnenweite und -tiefe, Licht und Dunkel-
heit, szenische Illusionskunst, dann die extreme Länge
der Stücke, die Endlosigkeit des musikalischen Flusses
etwa in *Tristan und Isolde*: Alles wirkte und wirkt immer
noch zusammen im Sinne einer weitgehenden Ausschal-
tung von Realitäts- und Zeitgefühl, wonach den von ihrer
Realität und Zeit arg bedrängten Wagnerfreunden des
19. und noch des 21. Jahrhunderts stark verlangt. – Dagegen sind sogar die Ambitionen des Philharmonia Orchestra, die Potenziale der Virtual Reality systematisch zu erkunden, von eher desillusionierender Schlichtheit. Aber
deren Principal Conductor Esa-Pekka Salonen hat sicher
recht, wenn er die Zukunftsmusik der technologischen
Entwicklung schon einmal voraushört. Da kommt noch
was. Und was bislang anhand von Strawinskys *Sacre* (*Re-
Rite*, 2011),[58] von den VR-Experimenten mit Beethovens
oder Sibelius' Fünfter oder Mahlers Dritter Symphonie
zu erfahren ist? Alles eben Vor-Klänge, einstweilen.

Das sind faszinierende Perspektiven, nicht nur mit
Blick auf die Option, die privilegierte musikalische Erfahrung eines Dirigenten teilen zu können oder sie je-

denfalls vorstellbar zu machen; sondern, weit darüber hinaus, tatsächlich immersive Steigerungen, womöglich mit dem Extra-Kick interaktiver Selbstwirksamkeit, zu erleben. Klug schlägt Salonen einen Bogen von den Überwältigungsträumen des 19. zu den technologischen Denkbarkeiten des 21. Jahrhunderts. Die Technik antwortet auf reale Bedürfnisse, deshalb wird es sie geben, und sie wird noch manches Ungeahnte bringen. Doch bei aller Immersionseuphorie: Vielleicht fällt uns, neben der sinnlichen Totalunterwerfung unter das Wagner-Modell, etwa für das Mozart-Theater des 18. Jahrhunderts auch noch was ein – singende Menschen, die uns, im *Figaro* oder *Così fan tutte*, mit erstaunlicher, hirnanknipsender Musik dafür interessieren, was Menschen so miteinander anstellen, nicht in der virtuellen Wirklichkeit, sondern in unserer, immer noch und wieder neu, auch wenn die Musik aus einer anderen Welt zu kommen scheint. Dazu kann auch schon ein kleines Theater mit wackliger Szene, aber guten Musikern und Sängern reichen, nicht *virtual*, sondern live, mit uns, Zuschauenden, Unüberwältigten, dafür Mitdenkenden wie -fühlenden auf unbequemen Klappsesseln im Parkett: verrückt.

Das könnte Sie interessieren:
Beethovens »Zehnte«, zu Ende gerechnet

Für den abergläubischen Arnold Schönberg war die Neun als Nummerierung bedeutender Symphonien eine magische Schwelle, jenseits derer der Tod auf die großen

Komponisten wartete, seit Beethoven: Schubert, Dvořák, Bruckner; Mahler, der auf die Partitur seiner Neunten eine »9« schrieb, aber aus Neunerangst wieder ausradierte und das schon vollendete *Lied von der Erde* als eigentliche Neunte, die tatsächliche *Neunte* ergo als Zehnte ansah – was nichts half, auch er starb nach der *Neunten* und hinterließ eine angefangene *Zehnte*.

Die Frage, was noch gekommen wäre, ist (erstens) eine Lieblingsspekulation gerade von Leuten, die sich schon auf das, was vorliegt, kaum einen Reim machen können. Zu schweigen von (zweitens) den Gläubigen des Dezimalsystems, denen das Ende eines Lebenswerks vor Vollendung einer runden Zehn als unschön unvollendet erscheint. Dann gibt es noch (drittens) die Medien, die sich vor der schweren Herausforderung eines Beethoven-Jahres sehen, das nun einmal begangen werden muss, die aber um Beethovens Kunst lieber einen Bogen machen, weil sie klassische Musik entweder elitär oder langweilig oder beides finden. Das Jahr 2020 wird uns also absehbar eine Menge Beethoven-Pop bescheren, der Beethovens Musik mit dem Flachsinn der Gegenwart zu arrangieren sucht oder sowieso am liebsten einmal mehr die wahre Identität der mysteriösen »unsterblichen Geliebten« enthüllt.

Für alle skizzierten Interessengruppen ist es eine gute Nachricht, dass, finanziert von der hier schon national zuständigen deutschen Telekom, ein KI-Projekt unter Hinzuziehung einer Reihe von Fachleuten, unter ihnen immerhin der Pianist und Musikforscher Robert Levin, aus den in einem roten Notizbuch Beethovens

versammelten eher spärlichen Skizzen und Gedanken-
embryonen nun dank schlauer Algorithmen vorstellbar
machen will, wie diese offenbar so dringend ersehnte
Zehnte denn geklungen haben könnte. Die Nachricht
klingt hinreichend sensationell und ging, Ende 2019,
wie man so sagt, viral.

»Allein Freyheit, weiter gehn ist in der Kunstwelt,
wie in der ganzen grossen Schöpfung, Zweck.« – Weitergehen ist der Kunst Zweck, sagt Beethoven, den wir
uns gern als Freund des Internets vorstellen wollen. Er
war aber keine künstliche, sondern eine künstlerische
Intelligenz und betonte das Weitergehen in *Freiheit* wohl
nicht ohne Grund. Nicht erst der späte Beethoven verstand sich auf die Freiheit, Regeln nicht nur zu folgen,
sondern zu überschreiten.

Kann man Unberechenbarkeit programmieren?[59]
Vermutlich arbeiten sie dran. Beethovens Telekom-*Zehnte* wird uns einen Zwischenstand geben, wer weiß.

Das Podcast-Universum

Dauernd verschwinden Dinge, und je schneller die Welt
sich dreht, desto mehr. Der iPod zum Beispiel, Apples
einst smarter MP3-Spieler, der einem eine 1000-Alben-
Mediathek in einem kleinen Kästchen transportabel und
per Scrollrädchen sensationell fix verfügbar machte. Eigentlich nur eine kleine, nett verpackte Festplatte. Aber
2001 war der iPod das Musikmaschinchen eines neuen
Jahrhunderts, und nach Sonys Walkman und Discman

ein fantastischer Gewinn an musikalischer Vielfalt überall. Aber *video killed the radio star*, und die Streamingdienste die gute alte Kapselplatte. Der iPod lebt nun fort als Wortbestandteil in einer der ihm folgenden Innovationen: *Podcast* meint die Verbindung einer etwa im MP3-Format komprimierten Audiodatei mit dem Verbreitungsgedanken der Ausstrahlung, allerdings nicht im Sinne eines ungerichteten Rund-Funks, sondern als abonnierbares *On-Demand*-Angebot in Serienform.

Podcasts sind punktgenaues, planbares Radio: Es ist nicht der Inhalt des Päckchens, der neu ist (was läuft, könnte ja fast immer auch im linearen Radio laufen); es ist die Entscheidung für ein Thema, eine Machart, und die Freiheit zu hören, wann und wo man möchte. Schon dies aber wirkt auch auf die Machart. Podcasts leben von der Greifbarkeit, Wiedererkennbarkeit von Persönlichkeit und Ansprache. Vielleicht ist es, neben der praktischen Verfügbarkeit, vor allem der Duktus eines unaufgeregten Parlando, den viele Podcasts pflegen, der zu den Vorzügen dieses neuen Mediums zu rechnen ist. Gelungene Podcasts klingen nicht wie vorgelesene Manuskripte, wie vieles im Kulturradio, aber auch nicht wie das Gute-Laune-Dauerbombardement der populären und kommerziellen Wellen; es geht ja in der Regel um etwas. Zum Beispiel um Opernarien.

Unterwasser-Gluck: Aria Code

www.wnycstudios.org/podcasts/aria-code
Eintauchen, Tieftauchen: Wenn es um ästhetische Erfahrungen, Musik, Kunst, Literatur geht, liegt die Unterwas-
sermetaphorik immer nah, auch im *Aria-Code*-Podcast,
den ein amerikanischer Radiosender in Zusammenarbeit mit der Metropolitan Opera anbietet: »Each episode
dives into one aria – a feature for a single singer – and
explores how and why these brief musical moments
have imprinted themselves in our collective conscious-
ness and what it takes to stand on the Met stage and
sing them.«[60] Die Halbstunden-Episoden werden moderiert von Rhiannon Giddens, Folksängerin, 2016 für einen Grammy nominiert.[61] Sie bringt in der Regel drei
(nicht näher definierte) Experten in einen Zusammenhang, in dem eine Position der sängerischen Expertise
vorbehalten ist. Renée Fleming spricht über den Monolog der Marschallin im *Rosenkavalier*, Mezzosopran Jamie
Barton über Glucks *Orfeo*; beide sind in diesen Rollen am
Ende, »after the break«, also nach einem Werbeblock,
den wir zum Glück nicht hören müssen, mit ihrer Arie
dabei. Die anderen Perspektiven sind freier besetzt: Bei
Rosenkavalier ein Schriftsteller und Strauss-Fan, bei *Orfeo*
ebenfalls eine Autorin, will sagen: eher keine Musikwis-
senschaftler, Opernkritiker, Musikjournalisten. Der be-
sondere Vermittlungsdreh ist Position Nummer 3: eine
betroffene Person im sehr direkten Sinn. Es ist Jim, der
vom Sterben seiner Frau an Krebs spricht, wo es um den
Verlustschmerz des Orpheus geht; oder Dara, die weiß,

wie sich eine Frau mit einem deutlich jüngeren Geliebten fühlt. Man bekommt kleine Dosen Information zur
Entstehung, mittlere Dosen von Handlungsnacherzäh-
lung, große Dosen an Zwischenmenschlichkeit. Musik
wird reichlich unterlegt, aber fast nicht thematisiert.
»The larger philosophical problems«, die im Monolog
der Marschallin über das Rieseln der Zeit, über Ver-
gänglichkeit und die Weisheit des Loslassens angespro-
chen sind, werden erwähnt, aber kaum erschlossen. So
rührt Rhiannon Giddens einen ziemlich dünnen Cock-
tail aus *random facts* und schlichten Narrativen an, die
von der Vielschichtigkeit dieser Meisterwerke begeistert erzählen, aber allzu sehr darauf vertrauen, dass
die Musik schon für sich selbst spricht. Dabei enthielte
die Beschränkung auf ein einziges Stück doch die Möglichkeit, sich genauer zu fokussieren, und rund dreißig
Minuten sind nicht wenig Zeit. Das Versprechen auf
De-Codierung des jeweiligen *Aria Code* wird nicht recht
eingelöst, was vielleicht auch mit der Beschränkung
auf einen quasi-identifikatorischen Zugang zu tun hat.
Dass die Marschallin, Orfeo, die Gräfin Almaviva, Don
José uns nicht nur ähnlich sind, sondern die Botschaften ihrer komplexen Beschaffenheit aus einer durchaus
anderen Kunst-Welt zu uns herübersingen – zu solcher
Tauchtiefe dringt das Aria-Code-U-Boot kaum vor. Das
vorausgeschickt, vermag es sehr wohl zu rühren, wie
Jim vom Abschied von seiner Leslie erzählt, während
im Hintergrund Glucks Trauerchor zu hören ist. Sein
Schmerz, seine Geschichte machen die Musik allerdings
zur Trauertapete. Und wenn dann, nach der Werbung,

noch einmal das ganze Stück zu hören ist: Hört man es nach der Tauchfahrt anders? – Ein wenig schon, nämlich gerührt, und hoffentlich mit einer Ahnung, dass es da noch allerhand mehr zu decodieren gäbe, mit einem Verlangen Richtung Meeresgrund.

Ginge denn mehr? Im Aria Code der MET und des Senders WQXR ist die ökonomisch-institutionelle Voraussetzung dieses Podcast-Service gut mitzuhören, nicht nur die Finanzierung durch Werbung, die ausgerechnet in dem Moment dazwischenfährt, wenn der Hunger aufs Werk hoffentlich hinreichend stimuliert ist; man nimmt es auch wahr in Giddens rituellem Flehen um Weiterempfehlung. Hinter Aria Code steht ein gar nicht kleines Team, die Sache soll sich tragen, und womöglich ist die inhaltliche Genügsamkeit auf den Problem- und Identifikationshorizont einer Frauenzeitschrift ja schon in der Sorge begründet, dass ambitioniertere Expeditionen das adressierte Einsteigerpublikum verfehlen würden. Darin läge ein trister Befund: dass das vom Zwang zum kleinsten gemeinsamen Nenner und den Restriktionen von Zeit und Raum eigentlich befreite Podcast-Universum seine Möglichkeiten dem Interesse nach Reichweiten opfert, im Digital-Department der MET dann doch kaum anders als im öffentlich-rechtlichen Rundfunk.

Ginge also mehr? Vielleicht wäre es ein Gedankenspiel wert, die bis zum Überdruss strapazierte Annahme einer fundamentalen Nichtvereinbarkeit von Reichweite und inhaltlicher Substanz einmal kritisch zu befragen. Podcasts sind praktisch, man kann sie überall und nebenbei hören und wird meist wenigstens nicht dümmer dabei. Gegenüber dem Konsens-Imperativ des klassischen Kulturradios haben sie aber den Vorzug, auch die Freuden des Nerd-Talks im Sinne eines entschiedener inhaltlichen Zugriffs auf Themen sich nutzbar zu machen. Podcasts dürfen in der Wahl ihrer Gegenstände so speziell sein, wie sie wollen, und es funkt ja oft eher im Detail.

Natürlich ist damit zugleich ein erheblicher Nachteil benannt, sofern es nicht nur darum geht, Eingeweihte zu erfreuen oder zu ärgern, sondern den Funkenflug ästhetischer Erfahrung weiter zu verbreiten. Das aber scheint zumindest nicht aussichtslos. Immerhin kann ja auch eine leidenschaftliche Diskussion unter Modelleisenbahnern über Spurweiten oder Seriennummern für Außenstehende unterhaltsam, ja faszinierend sein. Muss sie selbstredend nicht. Doch die Panik davor, ein Publikum, das man sich vielleicht häufiger als nötig als Adressaten ohne irgendein Vorwissen denkt (warum eigentlich?), mit noch so bescheidener Fachlichkeit oder auch nur genauen Einlassung auf einen Gegenstand zu überfordern, führt zu einer merkwürdigen Umgehung eben dessen, worauf es doch ankäme: das Faszinosum des Nicht-Selbstverständlichen.

Levits Beethoven in 32 Folgen

www.br.de/mediathek/podcast/igor-levits-klavierpodcast-32-x-beethoven/826

Ein Mann am Klavier in seinem Wohn- und Übezimmer, er spricht mit einem Freund über Beethoven, mit dem sich in den vergangenen Jahren beide, der Pianist und der Journalist, intensiv beschäftigt haben. Der Pianist hat alle zweiunddreißig Sonaten aufgenommen und es mit dieser gewichtigen CD-Box zum Jubiläumsjahr tatsächlich in die Verkaufsregionen der Pop-Charts geschafft. Der Gesprächston im vom Bayerischen Rundfunk produzierten Podcast ist locker, in der Sache aber waltet großer Ernst, noch wenn über den Humor des Meisters geredet wird. Immerhin wird geredet, und, mehr noch, es wird, wovon die Rede ist, live und ohne Umstände am Instrument gezeigt, en détail auch einer Einzelstimme, wenn es die Erkenntnis erhellt. Die Folgen sind so lang sie sein müssen oder sollen, mal 19, mal 40 Minuten – solche Flexibilität hätte es, nebenbei, schwer im linearen Radio-Formatprogramm. Das Setting von Igor Levits Klavier-Podcast ist denkbar einfach: Gespräch und Diskurs statt Monolog und Frontaldidaktik, Kompetenz im Gegenstand, Fokussierung auf ein Stück (vielleicht auch nur einen Satz einer Sonate), schließlich der für uns luxuriöse Einblick in die Werkstatt eines künstlerisch relevanten Pianisten. Und selbst wenn man gern mitreden, gelegentlich auch protestieren würde: Levits *32* bieten *delectare* und *prodesse* im besten Sinn, man hört gern zu und danach den Beethoven ohne Worte genauer, besser.

Podcasts könnten mehr bieten als das weithin grassierende Gelaber. Gerade hier ließe sich mehr riskieren, weil Weite und Zuschnitt der Gegenstände und die individuelle Eigenart der Tonlagen und Ansprachen genau konzipiert werden können. Nicht nur bei Beethoven.

Wer sich wiederum für die Wege und Irrwege des amerikanischen Theater-Business dies- und jenseits des Broadway interessiert, wird sich über die souveräne, unterhaltsame Streitkultur von

Three on the Aisle

www.americantheatre.org/category/audio/
three-on-the-aisle/

freuen. Zweimal im Monat treffen sich drei Kritiker, die üblicherweise in der Washington Post, im New Yorker, der New York Times oder im Wall Street Journal zu lesen sind, zu einer scharfzüngigen Revue des aktuellen Outputs der US-Theaterszene, und man hört ihren Zuspitzungen und kleinen Bosheiten womöglich lieber zu, als ihre sicher wohlerwogenen Rezensionen zu lesen. Dass auch in der digitalen Form die Präsenz und Brillanz der Gesprächspartner entscheidend ist, ist nicht übermäßig erstaunlich, aber doch ein wenig beruhigend und zugleich erhellend für die, die den digitalen Masterplan suchen. Die offensichtlich ungeskriptete Mündlichkeit und Spontaneität des gut eingespielten Teams begünstigt riskant deutliche Urteile, im munteren Trialog werden aber auch die Kriterien und subjektiven Geschmacksvoraussetzungen dieses *Club of Nerds* transparent. Es wird viel gescherzt und gelacht, aber kein Zweifel: Es ist ihnen ernst. *Res severa verum gaudium.*

Hier spricht Ihr Dirigent: Sticky Notes

https://stickynotespodcast.libsyn.com/
Joshua Weilerstein ist Dirigent und Chef des Orchestre de Chambre de Lausanne und stellvertretender Leiter der New Yorker Philharmoniker. Sein Podcast bietet etwa im Wochenrhythmus halbstündige Vorlesungen über Meisterwerke wie Schuberts *Unvollendete* oder Bachs Cellosonaten oder über die Frage, wie man lernt, Zwölftonmusik zu lieben. Weilerstein teilt seine profunden Kenntnisse in einem nahrhaften, sachbezogenen Parlando mit Adressaten, die nicht schon verlorengehen, wenn gelegentlich harmonische Verläufe zur Sprache kommen. Fast jede Aussage wird mit kurzen, prägnant ausgesuchten Musikbeispielen beglaubigt, und man möchte ihm wünschen, dass er einen guten Weg der Rechteklärung gefunden hat (an denen der Einsatz von Musik in Podcasts nicht selten scheitert). Weilerstein liest vor, was eben so auch als Konzerteinführung funktionieren würde, seine *Sticky Notes* nutzen das Format Podcast als Darreichungsform, als Einführung *to go*, nützlich und erhellend für ein Publikum mit Vorverständnis, das zuhören mag. Als Nebenbei-Medium funktioniert es nicht, etwas gerichtete Aufmerksamkeit wird erwartet, aber das gilt ja auch für die Stücke, von denen die Rede ist.

Eine Prise Charisma täte diesen Sticky Notes allerdings gut, aber wer in den Spuren Bernsteins wandelt, hat es immer schwer. Und vielleicht findet sich noch ein Sponsor für ein Lifting des Website-Auftritts. Aber bitte, es geht ja um die Musik.

Generell werden in Deutschland Podcasts zur Musik, der klassischen, von den öffentlich-rechtlichen Anstalten dominiert: Das alte Radio kapert den neuen Kanal, und das ist dann ein trauriges Missverständnis, wenn am Ende nur Schnipsel aus dem linearen Programm zu hören sind. Es werden auch falsche Erwartungen geweckt, wenn *Das starke Stück* des Bayerischen Rundfunks verspricht: »Musiker erklären Meisterwerke«, etwa Dvoráks *Dumky*-Klaviertrio.[62] Zwar mag man Menahem Pressler, dem Pianisten des legendären Beaux Arts Trio, auch gern länger als sechs Minuten zuhören, hier spricht eine unanfechtbare Autorität und eine imponierende Persönlichkeit dazu, er spricht aber, anders als Igor Levit, kaum zur Musik. »Erklärt« wird da, außer dem Titel und der ungefähren Struktur zwischen traurig und temperamentvoll, wenig – was Pressler bestimmt könnte, wonach er aber wohl nicht gefragt wurde. Ein Mann ohne stimmliche Eigenschaften wiederholt dagegen, dass es sich um ein bedeutendes und dabei populäres Werk handele, das das Bild des Komponisten stark geprägt habe. Was vielleicht zu beweisen war, aber über die eigentümliche Stärke des Stücks nichts sagt.

Dann lieber zu »Herrn Breitenbach und Doktor Köbel«, denen man auf ihrem *Soziopod* gute hundert Minuten im Gespräch über Erich Fromms *Haben oder Sein* oder auch John Dewey und den amerikanischen Pragmatismus folgen kann, belehrt und unterhalten.[63]

Die Listen des Brauchbaren und des Überflüssigen ließen sich verlängern, am Befund würde sich wenig ändern. Machen wir uns nichts vor: Im Podcast-Universum regiert, mit Ausnahmen, das Gerede, auch wo Kunst, Musik, Literatur annonciert werden. Das ist schade, denn die Vorzüge des Formats werden im Gelungenen sehr deutlich: die Freiheit, den Maßstab des Betrachteten und der Betrachtungsweise so zu wählen, dass man über die Immer-Richtigkeit von Gemeinplätzen hinauskommen kann; die Unmittelbarkeit einer persönlichen Ansprache; die unkomplizierte Verfügbarkeit sowieso. Im Warten am Bahnhof beim *Soziopod* etwas über Deweys aus Kant abgeleiteter Feier des menschlichen Moments, der immer einmalig ist, zu erfahren, verändert auch diesen.

Zwischenbefund

Das Internet hat alles verändert, die digitale Revolution ist wirklich eine; aber was den Umgang mit und die Erfahrung von Kunst angeht, fällt die Revolution durchaus eine Nummer kleiner aus. So jedenfalls der Eindruck beim Sichten der (notwendig intuitiv gesammelten) Fundstücke: Meist schwappt die alte analoge Welt in die neue bloß hinüber, und gemessen an den geahnten ozeanischen Möglichkeiten der Digitalisierung haben die meisten Schritte in diese Richtung etwas doch sehr Tastendes. Das liegt, so darf vermutet werden, zum einen an den ökonomischen Rahmenbedingungen: IT ist teuer, und die Kombination aus künstlerisch-experimenteller Ambition und unsicheren Marktchancen öffnet die Tresore der großen Budgets eher nicht. Deshalb sehen gerade manche interessanten Projekte so hausgemacht aus: Sie sind es. Die Erwartung auf mehr richtet sich auf die wirtschaftlich potenten Spieler, denen es allerdings bislang genügt, Terrains abzustecken und ihre technischen Entwicklungen auch einmal in einem traditionellen Museum mit Marken-Power auszuprobieren, Street View im MoMA.

Es liegt andererseits an den Akteuren, denn wer getrieben ist von einem Verlangen, Beethovens Maxime vom »weiter gehn«, nicht nur in der Musik, zu folgen, kennt sich in seinem Metier aus, seine Fantasie und sein künstlerischer Impuls richten sich aber in der Regel nicht entschieden auf die Potenziale einer eigentümlich digitalen Kunst. Leute wie der Komponist und Informatiker Alexander Schubert sind Ausnahmen. Noch. Bislang findet die Revolution eher in den der künstlerischen Produktion vor- bzw. nachgelagerten Zonen der Distribution, Kommunikation, Vermittlung statt.

Ist das noch Journalismus? Blogs, Blabla und neue Fragen

Das Internet als Medium nicht nur der pornografischen oder süß-zoologischen Abbildung, sondern auch der Schrift und des Lesens wurde ja schon gewürdigt, als eingangs die kulturkritische Debatte um die drohende Hirnerweichung der Jugend referiert wurde: Fraglos wird nicht nur geglotzt und geballert, sondern auch gelesen, jede Menge sogar, und geschrieben auch. Hier soll es, zum Ende unserer phänomenologischen Surfrunde, um die Transformationserscheinungen im Journalismus gehen. Nur am Rand um die allfällige Krise des klassischen Printjournalismus, die sich in einer brisanten Gefahrenzone vollzieht, umzingelt von Problemen: Verlust von großen Werbebudgets an Facebook & Co.[64] Verlust von Leserinnen und Lesern, die ihren Informationsbedarf im Netz decken oder gar nicht mehr lesen. Schlafmützigkeit im Verständnis des neuen Mediums, das so lange als Gratis-Werbefläche für das »eigentliche«, nämlich Print-Produkt bespielt wurde, dass es heute nur schwer gelingt, professionellen Journalismus wieder als zahlungspflichtiges Angebot zu vermitteln.

Es ist ein Drama, und wer Zeitungen liebt, dem bricht das Herz, die immer dünneren Ausgaben zu sehen, das demütige Betteln zu hören, mit dem einst stolze Blätter um Abonnenten werben, indem sie Tablets verschenken und ganzen Familien eine Woche Ferien spendieren. Aber nicht nur das: Die Marketingmittel, die Sprech- und Denkweisen des Vertriebs haben inzwischen auch die redaktionellen Teile erreicht, wo die klassischen Ressorts – Politik, Wirtschaft, Feuilleton – immer dichter umrankt werden von Lifestyle-Suaden aller Art: Mode und Naturkosmetik, welches E-Bike, welcher kabellose Kopfhörer, welche Matcha-Teesorte ist am besten, eine Prise Unbehagen in der Kultur oder darf man noch in die Karibik fliegen, »Promis« werden gefragt zu Dingen, von denen sie nicht mehr verstehen als die Leser – ein Blick in die noch erfolgreichen Wochenzeitungen, in Deutschland Die Zeit oder die Frankfurter Allgemeine Sonntagszeitung, genügt, kaum zum Aushalten.

Andererseits, und nachdem sich der Rauch über den Schlachtfeldern der Überlebenskämpfe etwas gelichtet hat, wird auch klar: Als Marken und Garantiegeber glaubwürdiger Information sind die alten Schlachtschiffe vor allem des journalistischen Premiumsegments nach wie vor nicht nur unverzichtbar, es wächst ihnen sogar eine ganz neue Bedeutung zu. Denn die Inflation von Fake News und die immer dreisteren Strategien ihrer Verbreitung, das maßlose und unberechenbare Aufschäumen von Unsinn jeder Art in den Social Media, die »Filter Bubble«-Wirkungen kommerziell oder politisch geleiteter Algorithmen, die entscheiden, was wir sehen und was nicht,[65] die Meere fachlich unfundierter Meinungen in Foren, Chats und Blogs – all das hat den Verlässlichkeitswert der noch verbliebenen Marken enorm erhöht.

Wächst, wo Gefahr ist, das Rettende noch? Trumps Fake-News-Strategien, als deren logisch konsequent schärfste Waffe für die Enthauptung von Wahrheit die probate Verkürzungsmaschine Twitter fungiert, mit der ganze Zombie-Armeen von Ressentiments und Lügen ausgesandt werden, haben ihre Antwort in der wundersamen Renaissance der New York Times gefunden. Erholt hat sich die »alte Tante« (Uwe Johnson) inhaltlich, in der minutiösen Dokumentation des Erosionsprozesses amerikanischer politischer Kultur, aber sogar auch wirtschaftlich, denn die evidente Unverzichtbarkeit eines professionellen Journalismus hat dem Blatt neue Leserinnen und Leser gebracht, vielleicht auch ein paar alte zurückgeholt. Zwar sank, seit Trumps Aufstieg, die gedruckte Auflage weiter, doch parallel stieg die Zahl der digitalen Abos von 1,1 (2015) auf über 3,5 Millionen (2018).[66]

Ist das ein Zeichen? – Angesichts der epistemologischen Kontinentalverschiebung, die sich gerade im Gefolge eines annähernd globalen Populismus vollzieht, immerhin ein bescheidenes. Ein anderes, das aber zum gleichen Aspekt einer Art von Glaubwürdigkeitsbranding gehört, ist dessen Vermarktbarkeit. Eine große, traditionsreiche englische Tageszeitung hat festgestellt, dass Hotel- und Reiseanzeigen, die direkt unter seriösen journalistischen Inhalten platziert sind, zu einer signifikanten Steigerung der Zahl von Buchungen im Hochpreis-Segment führen. Natürlich wird schon daran gearbeitet, den Zusammenhang zu verstehen und systematisch zu monetarisieren. Hier geht es also nicht um den heroischen Kampf zwischen Wahrheit und Fake, sondern bloß um die Verbesserung des Werbeumfelds. Man kann das beklagen, die Pointe aber auch darin sehen, dass dieses Business-Modell nur funktionieren kann, solange ein gewisses Maß an Seriosität und Glaubwürdigkeit gewahrt bleibt. Vielleicht ist die sprichwörtlich seriöse Wochenzeitung aus Hamburg ja längst ein Lifestyle-Magazin im XL-Zeitungsformat, dessen klassisch journalistische Inhalte zu Politik und Kultur bei aller Solidität vor allem der Fassade dieser Seriosität dienen wie die Portalsäulen vor den weißen Bürgervillen längs der Binnenalster? Legen es die imponierend langen Artikel noch darauf an, von vorn bis hinten gelesen zu werden, oder sind sie nicht zuerst einmal Zeichen ihrer selbst, ihres Anspruchs, nämlich lange, ausführliche, buchstäblich erschöpfende Artikel zu sein, die das gute Gefühl geben, sich solcher Ausführlichkeit jederzeit hingeben zu können, auch wenn gerade einmal wieder die Zeit dafür fehlt? Man legt's beiseite und beendet die Zwischenlagerung nach ein paar Wochen im Papiermüll. Auf die gewaltige Lücke zwischen konkreter Rezeption und den geahnten Möglichkeiten soll noch eingegangen werden, auch sie scheint ein Kennzeichen der digitalen Revolution zu sein.

Am anderen Ende des Spektrums sehen wir die Konjunktur der kleinen Form, der Kolumnen, Blogs, Feuilletons. Ihre Attraktion resultiert auch aus einer Art Entlastungseffekt, der sich aus der zweifachen Abrüstung ergibt: kurz und pointiert zu sein, statt lang und erschöpfend, und ihre subjektive Perspektivierung nicht hinter verkrampfter Bemühung um den Anschein neutraler Sachlichkeit zu verhehlen.

https://hundert11.net

»Mehr Ausdruck der Empfindung als Kritik« hat der Berliner Schriftsteller Albrecht Selge seinem Konzertgänger-Blog als Motto vorangestellt. Damit macht er nicht nur eine elegante Beethovenanspielung, sondern stellt seine gesammelten Eindrücke eines musikliebenden Kulturhauptstadtbewohners gleich frei von allen Ansprüchen auf abgehobenes Kunstrichtertum. Nicht von solchen auf Unterhaltsamkeit, denn Selge beherrscht, was sich als ein Kennzeichen journalistischen Mitschreibens von Gegenwart im Netz notieren lässt: die gelehrte, oder auch halbgelehrte Plauderei, mit Ahnen und in Traditionen, wenn auch in der Regel nicht mit der Kunst eines Fontane, Heine oder Rainald Goetz, mit Vorliebe ein urbanes Flaneurtum feiernd, das dem Musik- oder auch Kunstbetrieb einen überwiegend heiteren Resonanzraum öffnet, der mit den gedruckten Feuilletons schon beinah verschwunden war. Einem Hang zum Unverbindlichen steht eine Freude am riskant zugespitzten Urteil gegenüber. Beethoven-Flaneur Selge über einen Abend des Belcea-Quartetts: »Das *Lento assai* aus Opus 135 ist ja wirklich eine Kandidatin für das schönste, traurigste Stück der Welt. Die Belceas spielen es derart fragil, als wandelten sie am Rande der Welt. Die Schreie im Finale aber *(Der schwer gefasste Entschluss)* schneiden einem das Herz mitten entzwei, und bei so viel Entsetzen ist es nur verständlich, dass das allererste *Es muss sein* fast zu affirmativ hineindrückt.« Das alles kann der Blogger hören, obwohl er anfangs von den »sehr schönen, luftig beschuhten Zehen« der ersten Geigerin ganz und gar gefangen schien. Dann aber kommen Zehenfaszinosum, Werk und Wirkung in schönste Balance, und einem vom gleichen Konzert weniger angetanen, kritischen Kritiker kann Selge unaufgeregt entgegnen: »Hm. Hier so nicht empfunden. Und vielleicht gibt es ja doch verschiedene Wege zu Beethoven; auch und gerade zum späten.«[67] So wie es ja auch, was Zehen angeht, verschiedene Vorlieben gibt.

Anders als bei Fontanes oder Heines Feuilletons ist ein Blog wie Selges *hundert11* aber kein Profitcenter, eher eine Auslage für handelbare Ware wie einen langen Artikel in der Frankfurter Allgemeinen Sonntagszeitung (»eine ganze dieser riesengroßen FAS-Seiten«) oder einen demnächst erscheinenden Roman über Beethoven. Man liest es und ist nicht verstimmt, so ist es eben.

https://crescendo.de/kolumnen/brueggemanns-klassik-woche

Gar nicht diskret, ganz heiter unverschämt werden Leserinnen und Leser von *Brüggemanns Klassik-Woche* mit Werbung traktiert. Eine Klatschkolumne, aufnahmefähig für alles Mögliche. Der umtriebige Axel Brüggemann startete seinen Newsletter für das Klassik-Magazin Crescendo im Jahr 2019, mit Erfolg, was zum einen an der sichtbaren Finanzierung durch Reklame abzulesen ist, zum anderen an der, wie der Autor bekennt, überwältigend großen Mitteilungsbereitschaft der Akteure des Musikbetriebs, der für seine Tratschbedürfnisse schon lange einen Ort gesucht hatte. Die verbliebenen Special-

Interest-Printmagazine der Musik waren dafür zu langsam und langweilig. Da hilft Brüggemanns pünktlich zum Wochenbeginn all das Gerede und die Gerüchte, Skandale und Personalien und die Gerüchte um kommende Personalien zusammenkehrender Newsletter: Fundstücke, zu Boden gefallen auf dem Jahrmarkt der Eitelkeiten, gelegentlich gibt es auch frech verkürzte Daumen-rauf-Daumen-runter-Urteile des reisenden Klatschreporters, am liebsten zu Groß- und Kultveranstaltungen. Die Fallhöhe muss natürlich stimmen.

Brüggemann ist so schnell nichts peinlich, auch nicht seine eigene Eitelkeit, zu der er ein entwaffnend unverkrampftes Verhältnis pflegt. Als alle Welt über mögliche #metoo-Verstrickungen des großen Placido Domingo spekulierte, plauderte Brüggemann, wie er sich gerade an den Häppchen aus dem Garderobenkühlschrank des Künstlers den Magen verdorben hatte. Um dann in die Debatte sehr wohl einzusteigen: »Die Klassik braucht, wie jede Nische der Demokratie, Transparenz und einen freien Diskurs! Das ist nicht immer leicht und sorgt zuweilen auch für Beschimpfungen, wie ich anhand dieses Newsletters festgestellt habe – aber es macht Spaß, diesen Debatten ein Forum zu sein!« So der Kolumnist bilanzierend zum Jahreswechsel 2019/2020.[68]

Vor Brüggemanns Späßen möchte man manchmal in Deckung gehen, und in der rasenden Mitschrift der laufenden Ereignisse und Nichtereignisse gerät auch immer mal was schief. Aber unbestreitbar hat er eine wichtige kommunikative Funktion im »Betrieb« erkannt und übernommen. Wichtig, auch wenn viel von dem, was da kolportiert wird, für viele, die einfach nur Publikum sind und sein wollen, gar nicht relevant ist. Doch gerade weil der Klassikbetrieb so sehr an einer Fiktion von Perfektion und Fehlerfreiheit hängt, in der nur gelten soll, was auf der Bühne geschieht und nur solange der Vorhang oben ist, sind, auch vom Parkett aus, die kurzen Blicke in den Backstage-Bereich von erheblichem Interesse. Dass Anna Netrebko keine Lust mehr hat auf sechs Wochen Probenzeit und lieber Konzerte als ganze Opern singt, ist eben eine Information auf verschiedenen Ebenen, nicht nur der von Klatsch und Tratsch. Es ist ein Stück Aufklärung, wie Brüggemann sagt: »Transparenz«, und auch der Aspekt, dass Menschen sich für Menschen und das Menschliche nun einmal interessieren, nicht nur für gemachte Images, spielt eine Rolle.

Übrigens ja nicht erst neuerdings. Die Klatschberichterstattung über die Stars des 19. Jahrhunderts, über Jenny Lind und Franz Liszt, über den Teufelsgeiger Paganini, schon die Besuchsprotokolle beim alten Beethoven, antworteten auf ein reales Bedürfnis. Und noch ein paar Jahre weiter zurück in die »Vorklassik« berichteten Musikschriftsteller wie Johann Friedrich Reichardt oder Charles Burney eben auch über die Menschen hinter ihrem Werk. Burneys Besuch im Hause des Originalgenies Carl Philipp Emanuel Bach zielte durchaus aufs Private: »Nach der Mahlzeit, welche mit Geschmack bereitet, und mit heiterem Vergnügen verzehrt wurde, erhielt ichs von ihm, daß er sich abermals ans Klavier setzte. [...] Während dieser Zeit gerieth er dermaßen in Feuer und wahre Begeisterung [...] Seine Augen stunden unbeweglich, seine Unterlippe senkte sich nieder, und seine Seele schien sich um ihren Gefährten nicht weiter zu bekümmern …«[69] Und Matthias Claudius, Reporter des *Wandsbecker Boten*, traf den großen Mann sogar »im negligé«.[70]

Heute sind wir für solche Indiskretionen aus der Vergangenheit dankbar, und auch die Gegenwart honoriert Offenherzigkeit. Brüggemann soll bitte weitermachen. Das Internet ist dafür das ideale Habitat, es hat die Redeweisen und das Schreiben über Musik und ihre Protagonisten erweitert, dem Ressentiment, den Hass-Tiraden wie den endlosen Fan-Elogen in den Spezialisten-Foren Tür und Tor geöffnet, das ist so. Aber es hat den die Musik (die bildende Kunst, die Literatur, den Tanz) begleitenden Diskurs auch bereichert. Im angelsächsischen Raum, der sich mit der meinungsfreudigen Ausleuchtung auch der Zwischenräume zwischen Werk und Leben immer leichter tat, fungiert Norman Lebrecht mit seinem *Slipped Disc*-Blog als »the inside-track on classical music«.[71] Lebrecht kommentiert scharf, sieht sich ansonsten als Verbreitungsservice für Nachrichten und Geschichten, die er der Rede und Kenntnis wert findet, und das schon seit 2007 – für Online-Verhältnisse eine ganze Generation lang. Es funktioniert offenbar.

Von wegen fun: Das E-Zine »van«

www.van-magazin.de

»Wie ich Musik höre und die Szene wahrnehme, das wird von keinem Medium aufgegriffen«, wird 2015 ein Mann von Mitte dreißig in der seriösen Wochenzeitung Die Zeit zitiert: Hartmut Welscher, Cellist mit BWL-Kompetenz und Erfahrung in Entwicklungshilfe. Er gehört zu der wahrscheinlich nicht riesigen Menge Menschen mittleren Alters, die sich für klassische Musik interessieren und denen an dem, was ihnen zwischen FAZ und FonoForum geboten wird, etwas fehlt an gedruckter Einlassung auf symphonische und Kammermusik, Oper, Alte und Neue Musik, zu Künstlern, deren Arbeitsbedingungen, zu Rezeptionsgeschichte, Niedergang des CD-Markts, gesellschaftlicher Relevanz der »E-Musik«, Stilkritik zu Plattencovern und tatsächlich vielem mehr. Es gibt sie, die Menschen, die sich für mehr als die ritualisierten Besprechungen der Quartals-Produktion an konservierter und Live-Musik, für langweilige, weil absehbare, in Ehrfurcht erstarrte Künstlergespräche, Festspiel-Glamourtalk am Rande der roten Teppiche in Salzburg, Bayreuth und bei den Selbstfeiern des ECHO oder OPUS Klassik interessieren. Welschers Wette 2015: Es gibt sie, sie besitzen auch ein Tablet oder Smartphone, und es sind so viele, dass sich mit ihnen als Abonnenten ein neues, kritisches E-Zine zu klassischer Musik finanzieren lässt.[72]

Es braucht solche Gründergeschichten, in denen jemand mit (auch) eigenem Geld in eine eigene Idee investiert. Schon der Name war in dem, was Welscher die »Szene« der klassischen Musik nannte, eine Unmöglichkeit: »van«, das fragwürdige Adelspartikel des fraglos genialen Ludwig Beethoven, das im Englischen einen Kleintransporter bezeichnet, während seine Phonetik im Deutschen auf jenes ganz andere verweist, das ein Adorno als »Stahlbad« verachtete: *fun*. Schon die Erklärungsbedürftigkeit des Titels war ein Zeichen dafür, dass in Welschers van einiger Ernst waltet. Es ist ein Ernst in der Sache, der seit 2015 tatsächlich etwas Neues geschaffen hat, eine andere Perspektive auf die »Szene«. Welscher hat heute sehr wahrscheinlich das Magazin, das er selber gern lesen wollte, es gibt auch eine englisch-internationale Variante, mit einer zeitgemäßen Bildsprache und Gestaltung, ziemlich hip. Es nutzt die Möglichkeiten, Musik, über die man liest, auch hörbar zu machen, auf Referenzen zu verlinken, das eigene Archiv mit inzwischen über tausend Storys leicht verfügbar zu machen. Als responsive Website ist van vielleicht nicht mehr ganz so smart, wie es einmal war, mit psychedelisch bewegten Coverseiten und schönen Spielereien, aber es hat tatsächlich eine Lücke gefüllt.

Ob Gründer Welscher auch seine Wette auf die Finanzierbarkeit gewonnen hat: schwer zu sagen. An der Geschichte von van ist exemplarisch das komplexe Zusammenspiel von Inhalt und Form, Technik und Ökonomie in der digitalen Welt zu studieren. Am Anfang stand die Wahrnehmung eines inhaltlichen Mangels und ein Gründertyp, wie ihn die Welt der Start-ups hervorgebracht hat. Dann die durch Technik erst möglich gewordene ambitionierte Entwicklung eines neuen publizistischen Formats, schließlich die Anpassung an den Markt, Verabschiedung von Nice-to-have-Features, Akquise von Werbung, Zuspitzung aufs Wesentliche im Sinne wirtschaftlicher Auskömmlichkeit. An vans Geschichte ist aber auch zu lernen, wie das neue Medium eben neue Botschaften kreiert, denn wenn vielleicht nicht wenige der van-Storys auch genauso im Kontext eines Printmagazins stehen könnten, konstituieren Haltung und Anmutung – hier also betriebskritisch und hip – einen anderen Klassik-Diskurs, der wiederum zurückwirken könnte auf die alten Medien. Zur van-Geschichte gehört noch, dass die nötige Wahrnehmung als relevante musikjournalistische Stimme außerhalb des begrenzten Abonnentenkreises am besten durch griffig zugespitzte Themen funktioniert. Das heißt, dass man gelernt hat, beispielsweise kritische Stimmen über den Führungsstil des mächtigen Daniel Barenboim so zu instrumentieren, dass daraus Futter für andere Medien werden kann.[73] Dann kommen auch die Klickzahlen. Es lässt sich hier, wie auch bei den anderen exemplarisch betrachteten journalistischen Formaten im Internet, eine gelegentlich verwirrende Gleichzeitigkeit aufklärerischer Qualität mit einem Hang zur Skandalisierung, Boulevardisierung beobachten.

Und sonst? Welchen Reim soll man sich auf all das machen? Was, so war die Ausgangsfrage, bedeutet das alles? Lassen sich überhaupt Schlussfolgerungen ziehen angesichts der Zufälligkeit der Fundstücke und der Dynamik der Digitalisierung, des rasenden Aufblühens und

Schlecht möblierte Gegenwart

Dahinwelkens von allem? – Vielleicht kann man doch etwas sagen, weil jedenfalls die gewählten Beispielprojekte zu den schon etablierten Formaten gehören; dahinter, daneben gibt es viel Kommen und Gehen, und gelegentlich sieht man Seiten erst auf den zweiten Blick an, dass sie tot sind, seltsame Ruinen in der digitalen Landschaft.

Dreimal noch

Mit aller gebotenen Vorsicht lassen sich, in unserer zwischen Vogelschau und Detailansicht oszillierenden Perspektive, ein paar Beobachtungen zusammenfassen.

Im Bezirk der Künste und ihrer Vermittlung sieht die digitale Welt der analogen noch recht ähnlich.

Ganz anders als bei den Games. Das liegt, steht zu vermuten, an den Akteuren, die sich entweder der Seite des Contents oder der IT zurechnen. Wie auch nicht, es war ja immer so. Es wird aber nicht so bleiben. Es liegt auch an den Budgets, in denen sich die gegebenen Macht- und Bedeutungsverhältnisse abbilden.

Qualität ist immer noch vor allem »Handarbeit«.

Zu sehen war das etwa an der Tiefe der redaktionellen und kuratorischen Arbeit, die in der Städel-Seite steckt. Die Technik verkürzt die Wege und erhöht die Verfügbarkeit, schlaue Algorithmen können Ähnlichkeiten erkennen und fortschreiben. Es bedarf aber spezifischer Expertise, Kenntnisse, Einfallsreichtums, daneben auch allerhand einfacher Datenbankarbeit, um die neuen Potenziale digitaler Angebote zu nutzen.

Das Verhältnis von alten und neuen Akteuren ist noch ungeklärt.

Gerade wo es um Kultur, Hochkultur, geht, dominieren die alten institutionellen Spieler, zumindest in Europa: öffentlich-rechtlicher Rundfunk, Museen, Bibliotheken, Politik, Verlage. Daneben existiert eine heterogene Szene von Gründern, Nerds, themenbewegten Einzelnen oder Gruppen, mit oder ohne kommerzielle Interessen. Die Frage, was bleibt und sich weiterentwickelt, ist auf unvermutete Weise offen: Wir sehen ein spannendes Nebeneinander, auch den »Rezo-Effekt«, der eine ganze Regierungspartei erschüttern kann, und die Superpotenz von Google, die sich bislang, was *Arts & Culture* betrifft, aber noch nicht ins Spiel bringt.

Haben Sie es gemerkt? Dreimal »noch«. Wir stehen, noch, am Anfang. Der oben thesenhaft und etwas dramatisch formulierte Satz, wir hätten das Internet noch nicht verstanden, entfaltet seine Tragweite, wenn wir ihn mit der Einschätzung des MIT-Mannes McAfee verbinden, nach der wir uns, was Entwicklung und Potenzial des Internets betrifft, gerade erst in der Mitte des Reiskorn-Schachbretts befinden.

Bewegen wir uns in Wunderkammern? Nein. Noch nicht.

Und wann geht es um Streaming?

Jetzt.

TEIL II

Neulandvermessung: Transformationen

»… jeder war Zeuge dieser ungeheuren Verwandlungen,
jeder war genötigt Zeuge zu sein. Für unsere Generation
gab es kein Entweichen, kein Sich-abseits-Stellen wie in
den früheren: wir waren dank unserer neuen Organisation
der Gleichzeitigkeit ständig einbezogen in die Zeit.«
Stefan Zweig: Die Welt von gestern (1941)

Surfen, Tauchen, Scrollen: Das waren bis hierher unsere
Modi der Bewegung durchs digitale Paralleluniversum,
auf der Suche nach dem »guten Inhalt« und geleitet
von der Annahme, dass es ihn, neben allerhand Frag-
würdigem, Überflüssigem, sogar Gefährlichem, auch
jedenfalls geben müsse, und dass die Verhältnisse diesen Inhalten womöglich gar nicht schlecht bekämen,
die neuen technischen Mittel der Verfügbarmachung
und Verlinkung nämlich, aber auch, was man vielleicht
als »klimatische« Voraussetzung ansprechen kann: die
Einsicht in die Notwendigkeit, das Gegebene, Herge-
brachte neu betrachten zu lernen. Sich einzulassen aufs
Neue. Auch wenn es hier langsamer geht und wir mit

den Möglichkeiten meist nicht mithalten: Die Erkenntnis, dass wir längst mitten im Neuland stehen, hat sich wohl durchgesetzt. Im ersten Teil wurde an Beispielen deutlich, wie recht ratlos »analog« unser Umgang mit dem Digitalen aber immer noch ist. Bevor wir am Ende nach den Aussichten für gute Inhalte und differenzierte Wahrnehmung in der medialen Wirklichkeit von morgen fragen wollen, kommen jetzt die aktuell maßgeblich wirkenden Aspekte der Transformation in den Blick. Alles fließt. Oder besser: strömt.

Denn die technische Innovation und die ökonomische Bedeutung des Streamings von Tönen und Bildern hat heute schon Veränderungsdynamiken freigesetzt, die für den hier interessierenden Bereich der ästhetischen Erfahrung von grundlegender Bedeutung sind. In diesem Teil soll es um die Frage gehen, wie das Digitale auf die großen Bereiche der Produktion, Distribution, vor allem aber der Rezeption wirkt, immer bezogen auf den Gegenstand, den ich nun einfach weiterhin, im Bewusstsein der Unmöglichkeit solcher Qualifizierung, den »guten Inhalt« nenne. Ihn so nenne mit ein wenig Ironie und aus einer subjektiven Perspektive, die, wie schon dargelegt, die Erfahrung von Musik, Kunst, Literatur für wertvoll und wesentlich hält, aber nicht jeden Gegenstand für gleich wertvoll und wesentlich;[1] und bei aller konzedierten Unmöglichkeit das dann doch in schärferer Abgrenzung von dem vielen anderen, auf das das sehr klar nicht zutrifft, Katzenkinderbilder zum Beispiel.

Streaming, so also die These, hat in diesem Zusammenhang die Rezeption vor allem von Musik jetzt schon fundamental verändert, deshalb gehört es in dieses Kapitel, das sich jetzt mit dem »Neuland« genauer befasst, mit den Transformationsprozessen in der digitalisierten Welt.

Alles, überall, gleichzeitig: I Have A Stream

Falls es wirklich der Autor Berthold Seliger war, dem dieses Spiel mit dem großen Wort von Martin Luther King eingefallen ist, darf man ihm zu der Pointe gratulieren, auch wenn er sie 2015 bloß als Titel einer etwas übergiftigen Kleinklein-Polemik zur »Abschaffung des gebührenfinanzierten Staatsfernsehens« genommen hat.[2] Das Ding ist tatsächlich größer, und die Frontstellung gegen das lineare Fernsehen der Öffentlich-Rechtlichen ist darin vielleicht nur ein Randaspekt.

Die Bedeutung des Streamings hat sich in die Geschichte der digitalen Welt eher langsam und stetig eingeschrieben. Technisch reicht sie bis in das 20. Jahrhundert; was *Usability* und Verbreitung angeht, hat Streaming erst mit den deutlich leistungsfähigeren Betriebssystemen der Rechner, schnelleren Datenübertragungsraten sowie der Einführung von Smartphones und Tablets seine Wirksamkeit entfaltet. Apples Produktreihen der iPhones ab 2007 und des iPad ab 2010 markieren Einschnitte der Mediengeschichte, teilweise als technische Avantgarde, aber in jedem Fall entscheidend für die Öffnung und rapide Durchdringung eines neuen, riesigen Marktes. Jetzt waren E-Mail, Messenger-Dienste,

Apps für jede nur denkbare Anwendung, eben: das Internet, mobil empfang- und benutzbar.

Schon 1999 ging *Napster* online, eine *Peer-to-peer*-Tauschbörse für Musikdateien im komprimierten und so komfortabel übertragbaren MP3-Format.[3] Mit der Napster-Software wurde der Bestand der Musikbibliothek eines Rechners analysiert und den Mitgliedern des Netzwerks verfügbar gemacht. Nun konnten Privatpersonen alles Mögliche und auch Musik tauschen. Die Vermittlungsleistung durch einen zentralen Rechner aber machte das Unternehmen zu einer empfindlichen Störung des auf Verkauf von physischen Tonträgern basierenden Geschäftsmodells der Musikindustrie. Denn Napster wuchs in Riesenschritten und zählte bald 80 Millionen Nutzer, die offenbar zu einem großen Teil schnell auch keine Plattenkäufer mehr waren. In die Aufstiegsphase von Napster (die prominenteste unter noch anderen Tauschbörsen) fällt der dramatische Einbruch der Einnahmen aus dem analogen Geschäft, von 27 Milliarden Dollar 1999 auf 15 Milliarden 2013.[4] Es begann der Kampf der alten Musikindustrie mit dem frechen neuen Player, der noch komplizierter wurde, als der altehrwürdige europäische Medienkonzern Bertelsmann sich finanziell bei Napster engagierte.

»Napster war mehr eine kulturelle Revolution als eine eigentliche Firma«, so Sean Parker, einer der Mitgründer. Diese Revolution zielte auf die freie Verbreitung von urheberrechtlich geschütztem Material: Musik für alle, es passte in die in jenen Jahren noch verbreitete Idee vom Internet als einem Gratis-Universum, in dem alles nichts kostet. Aber die coolen jungen Entwickler waren nicht naiv, vielleicht verstanden sie den Napster-Effekt bloß als womöglich heilsamen Schock für eine alte Welt, die am Wechsel von Vinyl zur CD blendend verdient hatte, die weiteren Folgen der Digitalisierung aber – die unendliche, verlustfreie Kopierbarkeit von Datensätzen, auch solchen, die Musik bedeuten – ignoriert hatte. Jetzt war ein neuer Deal fällig. Parker, im Rückblick: »Es wäre eine historische Gelegenheit gewesen. Wir sagten: Wenn ihr Napster zumacht, dann wird sich alles aufsplittern, und ihr werdet ein Fang-den-Maulwurf-Problem haben, wo ihr gegen einen Service nach dem andern kämpft und nie mehr alle Nutzer an einen Ort zurückkriegt. Genau das geschah.«[5] Es geschah, dass die Plattenfirmen das Napster-Modell mit Klagen überzogen, und, kleine Pointe am Rande, sie bezichtigten auch Bertelsmann der Beihilfe zum Raubkopieren. Das ging, vom District Court durch die Instanzen, ziemlich schnell: 2001 war die Napster-Revolution zu Ende, 2002 wurde Insolvenz erklärt. Parker wechselte als Präsident zu Aufsteiger Facebook – nicht jede Revolution frisst ihre Kinder.

Am Aufstieg und schnellen Fall von Napster lässt sich mehreres studieren: die Crash-Dramaturgie zwischen einem alten System und einem neuen *Game Changer*, aber auch, wie eine Innovation, wenn sie sich für eine hinreichende Menge von Menschen als wünschenswert erweist, nicht mehr zurückzudrehen ist. Immerhin brauchte es ein paar Jahre, bis das nächste große Kapitel der digitalen Musikrevolution begann. 2006 gründeten die Schweden Daniel Ek und Martin Lorentzon in Stockholm *Spotify*,

Jungs: Mark Zuckerberg (Facebook), Daniel Ek (Spotify), Snoop Dogg (Snoop Dogg) und Sean Parker (Napster), San Francisco, 2011

2008 war das neue Angebot verfügbar, das die Vorzüge der schnellen, unkomplizierten Verfügbarkeit einer großen, bald unüberschaubaren Menge von Musik mit dem Vorzug der Legalität verband. Spotifys innovatives Streamingprotokoll sorgte für ein neues Usergefühl: Die Musik war jetzt praktisch sofort da, zweihundert Tausendstelsekunden, das ist annähernde Gleichzeitigkeit.

Ansonsten machte Spotify im Grunde da weiter, wo die Geschichte von Napster abgebrochen war: Man verhandelte mit den Major Labels der Plattenindustrie, und zwar hartnäckig. Sean Parker würdigt die »Dickköpfigkeit« Daniel Eks, dem es gelang, nach zwei Jahren Lizenzverträge mit Sony und der damals noch existierenden EMI abzuschließen. Darin lag die Überwindung einer aus Sicht der Majors erheblichen Hürde, denn Spotifys *Freemium*-Angebot bedeutet immerhin einen –

mit Werbung durchsetzten – Gratis-Zugang zur Musik.[6] Das brachte schnell Reichweite, schon März 2009 gab es, nach nur einem halben Jahr am Markt, eine Million registrierter Nutzer. 2013 waren es 30 Millionen, davon 8 Millionen zahlender Premium-Abonnenten.[7]

Das Gratis-Modell war eine bittere Pille für die Labels, auch für einige Künstler. »Datentransfer, Streaming und Piraterie haben dazu beigetragen, dass die Plattenverkäufe drastisch zurückgegangen sind, und jeder Künstler geht mit dieser katastrophalen Situation anders um«, so Popstar Taylor Swift, eine prominente Spotify-Boykotteurin, wie auch Neil Young, der seine Songs nicht im MP3-Format hören mag: »Die Musik ist von monopolitischen Tech-Konzernen kastriert worden«,[8] zitiert die Zeitung Die Welt den kanadischen Unbeugsamen, der im gleichen Interview ein eigenes neues Streamingformat ankündigte und dass bald all seine Platten kostenlos und in besserer Qualität abrufbar sein würden.

Kritik begleitete das schwedische Audiostreaming von Anfang an und bis heute.[9] Doch das steile Wachstum – 2018 über 70 Millionen zahlende Abonnenten, 160 Millionen aktive Nutzer – erwies sich als schlagendes Argument. Bei den widerspenstigen Labels etwa; doch auch Universal und Warner waren bald dabei, damit waren die großen Player vertreten, und 2017 trat sogar das Münchener Jazz- und Klassiklabel ECM des Puristen Manfred Eicher ins Streaming-Business ein, nun vertreten beim reichweitenstärksten Anbieter Spotify und bei den längst erwachsenen Konkurrenten: *Apple Music*, *Google Play Music*, *Amazon Music*, *Tidal*, *deezer*, *Qobuz*; nur bei Napster nicht, das inzwischen als legale Marke wiederauferstanden war. Die lang vermissten Alben der Beatles sind im Stream zu finden, auch Taylor Swift. Auch Neil Young, dessen eigene Seite nur noch ein Album der Woche gratis anbietet, ansonsten auf neilyoungarchives.com das Jahresabo für einen bei so viel stolzem Rebellentum überraschenden Discounterpreis von 19,99 Dollar empfiehlt.[10] Die Klagen über die Soundqualität haben sich inzwischen zum Teil erledigt, auch für anspruchsvolle Hörerinnen und Hörer, denn Tidal, Qobuz und das auf den Klassik-Katalog spezialisierte *idagio* bieten CD-Klang im FLAC (Free Lossless Audio Codec)-Format oder sogar High-Res-Daten zum Download. Wer für eine der CD entsprechende Qualität zu zahlen bereit ist, kann sie also haben. Und der kleine französische Streamingdienst Qobuz hat sogar eine weitere Usability-Lücke im Vergleich zum physischen Tonträger geschlossen und macht die Booklets der meisten Neuerscheinungen als PDF verfügbar.

Spotify öffnete die Tür zum Audiostreaming als neuem Standard des Musikhörens, überholte damit auch Apples *iTunes*. iTunes, 2001 entwickelt, war die erste Antwort auf die Lizenzproblematik der Musikbranche, im Grunde ein Mediaverwaltungsprogramm, das MP3/MP4-komprimierte Alben oder Einzelsongs als kostenpflichtiges Download ordnet. Was bei iTunes gekauft wird, das »besitzt« man gewissermaßen und kann es auf seinen Endgeräten abspielen. Das ist etwas anderes als die Offline-Option der Streamingdienste, die erlauben, eine temporäre Kopie in einer Art Zwischenspeicher abzulegen. iTunes wurde groß, weil Apple groß ist, aber seine Geschichte scheint endlich zu sein. Gerade ist, nach dem letzten großen Update des Apple-Betriebssystems, der iTunes-Button von meinem Rechner verschwunden, meine paar Bestände sind jetzt integriert als Funktion in den Streamingdienst Apple Music. »Deine Medien haben ein neues Zuhause.« – Tschüss, iTunes.

Tempora mutantur, nos et mutamur in illis

Vieles ändert sich gerade in der Welt, und das Subsystem der Musik und zumal der klassischen ist in all dem nur eine Winzigkeit. Trotzdem zuckt man zusammen, wenn in der Süddeutschen Zeitung ein Musikagent mit der Einschätzung zitiert wird, in fünf Jahren (das wäre, bitte notieren, etwa 2024) würde niemand mehr CDs kaufen.[11] Der Mann hat die Zahlen und ihre Dynamik auf seiner Seite. Klassik-CDs werden übrigens, außer wenn sie von Jonas Kaufmann oder Anna Netrebko besungen wurden oder von Lang Lang bespielt, heute schon nicht mehr verkauft. Wo die Verfügbarkeit von allem und annähernd überall so weitgehend stabil funktioniert, wird der Besitz eines physischen Tonträgers weniger bis gar nicht wichtig, und das vom gleichen Agenten ins Spiel gebrachte Argument, CDs seien ja doch relevant als »Visitenkarten« eines Künstlers, wird kaum ausreichen, um die großen CD-Pressen weiterhin unter Dampf zu halten. SZ-Autor Michael Stallknecht resümiert: »Die eigene CD zeigt gerade bei einem jungen Musiker, dass er es geschafft hat, über die Masse derer hinauszuwachsen, die jährlich von den Musikhochschulen auf den Markt gespuckt werden, auch wenn in Wahrheit die Oma die Aufnahme spendiert hat. Es ist die Funktion der CD als ›Visitenkarte‹, die immer wieder beschworen wird. Ihr Wert gilt dabei als umso höher, je größer und einflussreicher das Label ist.« – Um gleich anzufügen, dass deren Macht ja logischerweise ebenso schwinde.[12] Es hat, gemessen an den einmal goldenen Zeiten einer Plattenindustrie, die in Salzburg oder Bayreuth Hof hielt, etwas Niederschmetterndes, und das jährlich ja sogar im linearen Fernsehen zu besichtigende Ritual einer *Opus Klassik*-Preisverleihung etwas verzweifelt Fassadenhaftes. Fast verbietet sich Spott. Dass ein namhafter Künstler eine CD mit Mozart-Arien per Crowdfunding finanzieren musste, um seinem Major Label eine fertige Produktion frei Haus zu liefern, dass ein nicht geringer Anteil der immer noch mehr als 4000 Neuerscheinungen per anno[13] aus den nach wie vor erheblichen Produktionsetats der Rundfunkanstalten finanziert ist oder gleich Archivstücke, mehr oder weniger aufpoliert: Zeichen an der Wand.

Einer wie Manfred Eicher, Gründer und Chef des ECM-Labels, hält dagegen: »Ich glaube an die CD und ihr Weiterleben«, und man weiß nicht, ob man das tapfer oder blöd finden soll. Im gleichen Interview mit Die Zeit ist auch zu lesen, dass er eine physische CD, wie auch die jetzt wieder einen kleinen Boom erlebende Vinylplatte, als »unser Gegengift gegen die Häppchenkultur« sieht, die er mit den Streamingdiensten, ihren Playlisten und »selbst ernannten ›Kuratoren‹« auf dem Vormarsch sieht. – Moment, hatten wir nicht eben erzählt, auch ECM sei inzwischen auf allen Plattformen vertreten? »Leider geht es nicht ohne solche Zugeständnisse«, sagt Eicher, dessen »Bedenken aber seither nur noch größer geworden« sind.[14] Häppchen, Hochglanz, Spaßkultur, die Selbstermächtigung von Unbefugten (dazu später noch ausführlich), dagegen Bedenken, aber auch eherner Glaube ans Weiter: Man darf die alten Feindbild-Frontstellungen, gerade da, wo es um die gehobenen Ansprüche einer »besseren« Musik geht, nicht unterschätzen; angesichts der real wirkenden Transformationsgewalten sehen wir hier aber nicht vor allem den beherzten Kampf gegen eine neue Zeit, sondern eine Trotzhaltung der Beharrung. Was verstehen hilft, warum es gerade da, wo es um den guten, den als wertvoll schützenswerten, geliebten Inhalt geht, an kluger Einlassung im Sinne dieses Inhalts fehlt. Es ist dann alles andere bloß Quatsch, wir pressen weiter CDs für die letzten Getreuen und seufzen über den mehr gefühlten als gehörten Qualitätsverlust, wenn, *horribile dictu*, ein Einzeltitel aus der alleingültigen Dramaturgie eines Albums per Stream wer weiß wohin verbreitet wird. Nicht auszudenken!

Jedem seinen Fetisch, aber das Schwärmen von der CD als »handwerkliche[m] Meisterstück« (PR-Agent Hasko Witte in der Süddeutschen) oder der Genuss, »wenn ich eine Platte öffne und sehe, was drin ist. So wie ich mich freue, wenn ich eine Zeitung aufschlage und es raschelt, wenn ich nach Seite sieben suche« (Manfred Eicher in Die Zeit), das sind schon spezielle Lüste. Man kann mit ästhetischen Argumenten auch das CD-*Jewel-Case* für eine Zumutung und einen Irrtum in der Geschichte der Dinge halten, zumal wenn einen das Öffnen der Plastikfolie über der Plastikhülle nervt, und muss darin auch nicht zwingend handwerkliche Meisterschaft erkennen. (Ganz was anderes natürlich das klassische Artwork der herrlichen alten Vinylcover mit den klugen Liner Notes auf der Rückseite ...) Und auch das gezielte Suchen nach Seite sieben in der gedruckten Zeitung und das feine Rascheln dabei ist vielleicht eher ein Vergnügen der Wenigen.

Doch zurück zum Ernst der Lage. Wir spüren die Veränderungen und erkennen, dass nicht jede Errungenschaft auf Dauer gestellt sein muss. Das gilt für Kunstwerke, denen wir gern Ewigkeitsgültigkeit zusprechen, und umso mehr für den trivialen Gegenstand eines klarsichtboxverpackten Datenträgers. Mozarts Opern, Haydns Symphonien, Bachs Kantatenwerk waren nicht nur an das Genie ihrer Urheber, sondern in einiger Direktheit auch an bestimmte Bedingungen ihres Entstehens geknüpft, die man sich gelegentlich vor Augen führen sollte, um sich klarzumachen, dass diese Schätze, auf welche Weise immer vermittelt, über Jahrhunderte, in unsere Gegenwart herüberstrahlen, aber erstens ihrerseits Konjunkturen einer größeren oder geringeren Einlässlichkeit unterliegen (nehmen wir als Beispiel nur die stark schwankende Wertschätzung der barocken Seria-Oper, ihre Reformierung erst durch Gluck, später das Verschwinden im Schatten des Musikdramas im 19. und ihre Wiederentdeckung im 20. Jahrhundert, ihre diskografische Wieder-Wiederentdeckung im 21. Jahrhundert: Es ist eben nicht alles immer gleich präsent, und es ist erst recht nicht alles immer möglich. Kreation, Produktion, Rezeption unterliegen den Bedingungen ihrer Zeit, und die unserer Gegenwart, muss man es nochmal sagen?, ändern sich dramatisch. – Muss man eigentlich nicht, und doch scheint die Neigung erheblich, sich unter dem wahrgenommenen Veränderungsdruck an das zu klammern, was man kennt und schätzt, und sei es eine albernes Jewel Case.

Alles ändert sich. Wir schauen zwar vor allem auf die Technik in ihren Folgen für die Rezeption bestimmter hochspezieller Gegenstände, die hier zu machenden Beobachtungen aber sind umgeben von ebenso fundamentalen Change-Prozessen, was Ökologie und Ökonomie angeht, Mentalitäten, Bildungsverhältnisse und Konsum, Gesundheits- und Geopolitik und so noch lange weiter. Die Behauptung einer gewissen Relevanz auch dieser sehr begrenzten Ausschnittsbetrachtung gründet auf der Annahme, dass unser Thema – was machen Internet und Digitalisierung mit der ästhetischen Erfahrung? – insofern von besonderer Bedeutung ist, als die Erfahrung von Kunst potenziell den Blick auch auf die aufgezählten »größeren« Themen und Entwicklungen beeinflussen, ändern und womöglich prägen kann; dass uns dieser erweiterte Blick bei den anstehenden Kontinental- und Koordinatenverschiebungen helfen könnte, im Meer der allfälligen Überforderungen nicht unterzugehen. Könnte. Die Annahme geht so, dass Kunst, klassische Musik, Mozart und Bach und noch so viel jenseits ihrer Greatest Hits eine Flaschenpost aus einer Vergangenheit sind, dass sie für unsere Gegenwart wichtige Nachrichten enthalten, manchmal Schatzkarten, die noch oder wieder zu entziffern sind. Deren Verpackung, ob Flasche, CD-Plastik-Case, Vinyl oder Digitaldatensatz, spielt sicher eine Rolle, für manche Empfänger mehr, für andere weniger. Aber ganz bestimmt nicht die entscheidende.

Der Wert von Musik

Die Frage nach Sein oder Nichtsein wird eher in der Sphäre der Ökonomie entschieden. Wir haben ja schon gesehen, wie der Erfolg von Spotify und damit die Durchsetzung des Audiostreamings überhaupt, einerseits von technischen Innovationen, schnelleren Programmen und engmaschigeren Netzwerken, andererseits und fundamental aber von der Verhandlung von Lizenzverträgen abhing, in denen allerhand steht und geregelt wird, im Kern aber dies: Was gibst du mir für mein Recht am Inhalt? Das ist eine so spannende Frage, dass sich darüber zwar mutmaßen lässt, konkrete Antworten aber in den Bereich von Geschäftsgeheimnissen fallen. Was wir, interessierte Beobachter von außen, wissen können, ist, was Spotify angibt und was seitens der Vertragspartner nicht in Frage gestellt wird: dass etwa 70 Prozent des Erlöses aus dem Abonnements- und Werbegeschäft an die Lizenzgeber fließen. Es ist dies der Grund dafür, dass trotz der weiter steigenden Reichweite des Streamingdienstes Spotify das Unternehmen Spotify nach wie vor unterhalb oder gerade an der Grenze der Profitabilität segelt. Anders als in anderen Branchen, wird hier ein größerer Kuchen in entsprechend größere Stücke verteilt: »Je besser es Spotify geht, desto mehr können die Labels verlangen. Das unterscheidet Spotify von vielen Internetunternehmen, bei denen die fixen Kosten des Geschäfts mit wachsender Größe anteilsmäßig sinken. Bei Spotify verringern sich die Lizenzgebühren nicht, wenn der Umsatz steigt.«[15]

Nur auf den ersten Blick überraschend ist die Klage der Künstler, von diesem Kuchen allenfalls Krümel zu bekommen. Tatsächlich fällt die Rechnung erschütternd aus: »Recherchen des Hessischen Rundfunks vom April 2013 zufolge, bekam ein Künstler im besten Fall nur 0,164 Cent pro Abspielvorgang. Zum Vergleich: Verkauft ein Künstler ein Album mit 13 Liedern auf CD, bleiben ihm im besten Fall rund 3 Euro. Das Album müsse also rund 145-mal übertragen werden, damit der Künstler auf einen ähnlichen Ertrag kommt«, weiß Wikipedia,[16] und der Tagesanzeiger-Artikel von John Seabrook nennt einen besonders eklatanten Fall, bei dem nach 600 000 Streams beim Künstler 104 Dollar ankamen. Empörend, und die Empörung landet, wenig überraschend, beim sichtbaren Akteur der Veränderung, bei Spotify. Logischerweise müsste sie bei den Plattenfirmen landen, die ihren Teil des Kuchens offenbar nicht gerecht verteilen. Im Verhandlungsspiel der Verlage, Labels und Streamingdienste scheinen insbesondere die Songschreiber benachteiligt worden zu sein – was Beethoven naturgemäß weniger kümmern muss als die Beatles. Man kann es aber auch andersherum sehen: Die Erlöse aus dem neuen Streaming-Geschäft stützen das prekär gewordene Geschäftsmodell der Labels, auf Kosten der Künstler. Mit den Worten eines von John Seabrook zitierten Jazzmusikers: »Wenn ich einen Schuh mache, und es kostet mich hundert Dollar, diesen Schuh zu machen, und der Händler verkauft ihn für zehn Dollar, dann interessiert es mich nicht, wenn er mir siebzig Prozent gibt. Es interessiert mich nicht, wenn er mir hundert Prozent gibt. Ich gehe ganz einfach pleite. Tot ist tot.«

Auf den ersten Blick scheint es ein Widerspruch, dass in diesem neuen Spiel weder die Künstler zufrieden sind noch Spotify (hier immer pars pro toto und als Treiber der Entwicklung), das als Weltkonzern nach wie vor leicht rote Zahlen schreibt, noch die angeschlagene Plattenbranche der alten Welt, für die die neue Wertschöpfung zwar eine willkommene Linderung ihrer Schmerzen, nicht aber die Heilung bedeutet. Er lässt sich in ökonomischer Betrachtung sehr wohl auflösen: Das Ding ist zu billig. 9,99 Euro für den Zugriff auf den annähernd gesamten Musikkatalog: Darin bildet sich eine gnadenlose Marktlogik ab, keineswegs eine Ahnung des Wertes von Musik, weder der von Taylor Swift noch der von Mozart oder Kurtág. Bei aldilife.com (»unterstützt von Napster«) gibt es 40 Millionen Songs auch schon für 7,99 Euro. Das ist der wahre Jammer.

Im Marktkampf um Reichweiten muss der Wert von Musik offenbar auf unter zehn Euro im Monat gedrückt werden, es ist ein ähnliches Spiel wie mit anderen Inhalten im Netz, etwa journalistischen: Was einmal gratis war, daran lässt sich nur schwer ein Preisschild kleben, und wenn, dann höchstens zu Aldi-Konditionen. Unter zehn Euro, das ist der Gegenwert nicht einmal einer einzigen CD, dafür gibt es die Möglichkeit, die ganze Musik der Welt verfügbar zu haben, und wem noch das zu viel ist, der bekommt sie im Spotify-Freemium-Modell kostenlos, ein wenig schlechter im Klang und durchlöchert von Werbung. Hier stimmt was nicht, die Balance von Wert und Gegenwert ist offensichtlich gestört, und das ist möglich, weil die große Mehrheit der Menschen es achselzuckend oder mit leiser Genugtuung, sozusagen als gutes Geschäft, mitnimmt. Schwer vorstellbar in unserer so sehr vom Markt und seinen Denkweisen geprägten Welt, dass sich dieser Fast-Null-Tarif nicht auch auf die Wertschätzung des Gegen-Werts Musik auswirkt.

Ökonomisch ist dieser Wahnsinn nur dadurch zu erklären, dass hier für die Streamingdienste die schnelle Steigerung der Reichweite, der Marktdurchdringung gegen die Konkurrenz, aber auch die Durchsetzung einer neuen Darreichungsform im Vordergrund stand. In der digitalen Ökonomie steht dahinter immer auch die Hoffnung auf Skalierung des Geschäfts: Das einmal aufgesetzte Modell ist ja unendlich reproduzierbar. Nur dass der Content-Nachschub bislang aus den Strukturen der analogen Welt und ihren nicht mehr tragfähigen Geschäftsmodellen kommt – und deren Erosion weitertreibt. Was gerade geschieht, ist am Ende ruinös für alle, Musiker und Musikindustrie, die alte und die neue. Darüber wird noch genauer nachzudenken sein.

Wie auch über die gerade als überraschende Neuig-
keit ventilierte Information, dass Streaming, vor allem
das von Videos, keineswegs eine smart klimaneutrale Angelegenheit ist. Denn anders als der in dieser Hinsicht
vergleichsweise harmlose lineare Rundfunk, der wie der
schöne Name ja schon sagt, in die Runde und für alle
mit Empfangsgerät herumfunkt, baut das On-Demand-
Streaming Verbindungen von riesigen Serverfarmen
zum einzelnen Smartphone, Tablet, Rechner auf. Damit
erzeugt der Energiebedarf der Digitalisierung (generell,
nicht nur des Streamings) so viel Emissionen, dass diese
»bereits einen Anteil von vier Prozent an allen menschen-
gemachten Klimagasen« ausmachen, »bis zum Jahr 2025
könnten es satte acht Prozent werden«.[17] Das wäre dann
mehr als der derzeitige Ausstoß durch den Flugverkehr.
Wann wird man über »Stream-Scham« debattieren? –
Nicht eigentlich unser Thema, obwohl wir eben lernen,
lernen müssen, jeden Sachverhalt auf seine Klimaeffek-
tivität zu befragen. Was die stationären Rechenzentren,
Cloud-Computing-Anlagen und Serverparks angeht,
scheint die Problematik wohl leichter lösbar als beim
Flugverkehr oder der Elektromobilität, weil der Einsatz
erneuerbarer Energien hier weniger eine Frage der technischen Realisierbarkeit als eine von Sensibilität oder
Harthörigkeit für den Klimaaspekt zu sein scheint. Der
Marktführer Amazon Web Services, liest man, zählt dabei eher zu denen, die sich schämen sollten.[18]

Fülle des Wohllauts

Inmitten solcher eher betrüblichen Bewegungsmeldungen aus dem Feld der neueren Musikverbreitung vermag Nostalgie vielleicht ein wenig zu trösten. Es gibt in der deutschen Literatur einen *Locus classicus*, was das Thema »Musik und Medien«, mediatisierte Musik also, betrifft: das Kapitel »Fülle des Wohllauts« aus Thomas Manns 1924 erschienenem Roman *Der Zauberberg*. Der Wohllaut, dessen Fülle hier vom Protagonisten des Romans, dem jungen Hans Castorp, erfahren wird, kommt aus ausgewählten Stücken von Beethoven, Chopin oder Verdi; namentlich das Finale aus *Aida* hat es ihm angetan. Das Grammofon ist ein magischer Apparat: »Zuweilen beugte er sich über das Spielwerk, das atmend kreiste, wie über einen Fliederstrauß, den Kopf in einer Klangwolke; stand vor dem offenen Schrein, das Herrscherglück des Dirigenten kostend, indem er mit aufgehobener Hand einer Trompete den pünktlichen Einsatz gab.«[19] Der Erzähler schaut dem Platten hörenden, ja Luft dirigierenden jungen Hans durchaus ironisch über die Schulter, dies umso mehr, als Mann sich hier wohl auch ein wenig selbst porträtierte, notorischer Grammofonfreund, der er war, wovon er gelegentlich Zeugnis ablegte.[20] Der annähernd immersiv wirkende Genuss konservierter Musik schließt kleine Trübungen übrigens nicht aus: »Er litt auch und biß sich auf die Lippen vor Scham, wenn Unvollkommenheiten der technischen Wiedergabe mit unterliefen, saß wie auf Kohlen, wenn im Lauf einer oft zitierten Platte ein Gesangston scharf oder grölend verlautete, was namentlich bei den heiklen Frauenstimmen so leicht sich ereignete.«[21] Was der aufwühlenden Wirkung der dergestalt eingeschränkten Wohllaut-Fülle aber keinen Abbruch tut.

Wir lesen über die Lust an konservierter Musik, anno 1924, und dass Hans Castorps ästhetische Erfahrung durch das Rauschen, Knacken, Knistern der Übertragungstechnik des Stands vor hundert Jahren möglich wurde, mag uns merkwürdig erscheinen: Was kann er da schon gehört haben? Wie viel hingegen hören wir, wenn wir Musik heute von einer CD abspielen, ohne Knistern, Knacken, Rauschen, die Schallinformation getreulich transportiert? Wie viel noch in der datenkomprimierten Formatierung als MP3-Datensatz? Und wie viel in den Streams in CD-Qualität (oder besser), was ja technisch ebenso möglich ist und allenfalls eine Preisfrage? – Thomas Mann hätte sich für einen Premium-Streamingdienst entschieden.

Fraglos vermag uns die so viel einfacher verfügbare Musik den Kopf in Klangwolken zu hüllen wie einst Hans Castorp, auch wenn wir uns dabei nicht mehr fasziniert über »atmend kreisende« Spielwerke beugen. Was all die um uns herumschwirrende Musik für das Hören bedeutet, davon soll noch die Rede sein. Öffnen wir zunächst die Augen. Und sehen, auch wenn es sich nicht um eine pomphaft ausstaffierte *Aida* handelt: Elefanten.

Me at the Zoo

Am 23. April 2005, kurz vor halb neun Uhr abends, lud ein junger Mann namens Jawed Karim ein 19-Sekunden-Video hoch, das ihn vor einem Elefantengehege zeigt, wie er die Außerordentlichkeit des Rüsseltiers lobt, unter dem Titel *Me at the Zoo*. Dies geschah auf einer neuen Online-Plattform für Videos. YouTube entpuppte sich bald als eine der wirkmächtigsten Innovationen des Internets, ein Ort nicht nur für Zoo- oder Elefanten-, sondern Videoinhalte jeder Art, von jedem unkompliziert hochladbar, von jedem problemlos abrufbar. Jawed war einer von drei Gründern, und seine Geschichte lohnt, am Rande miterzählt zu werden.

Geboren wurde er am ersten Tag des Jahres 1979 in Merseburg in der damals noch DDR, Sohn einer Chemikerin aus Wernigerode und eines aus Bangladesch stammenden Chemikers, der mit einem Stipendium in die DDR gekommen war. 1982 konnte die Familie nach Westdeutschland ausreisen, Jawed wuchs in Neuss und Dormagen auf; zehn Jahre später, nach der Welle fremdenfeindlich motivierter Anschläge in Mölln, Solingen, Hoyerswerda, nahm der Vater ein Angebot seines amerikanischen Arbeitgebers auf einen Wechsel ins ferne Minnesota an. Während eines Studiums der Informatik arbeitete Sohn Jawed bei dem noch jungen Bezahldienstleister *PayPal*. Dort entwickelte er mit zwei Kollegen YouTube, das nach dem Elefantenvideo bis zum Jahr 2016 etwa fünf Milliarden weitere Uploads verzeichnete. Schon im Jahr nach dem Start kaufte Google das Portal,

Jawed erhielt Google-Anteile im Wert von damals 64 Millionen Dollar. Es dürften heute einige Millionen mehr sein.

Auf Karims Website heute wird seine Geschichte nicht erzählt.[22] Man findet dort eine Sammlung schöner Landschaftsaufnahmen von verschiedenen Teilen der Welt, die hier tatsächlich sehr schön aussieht: Es sind überwiegend keine Menschen zu sehen, aber Berge, Ozeane, Wüsten und Wasserfälle. Man kann diese Ablenkung des Blicks in die hohe Luft des Ästhetischen vielleicht verstehen. Vom Grau von Merseburg und Minnesota, vom Grauen des DDR-Staats oder den Fremdenfeinden von Solingen und Hoyerswerda darf man als junger Millionär die Nase voll haben. Er macht keine große Sache aus seiner Biografie, die dennoch etwas über die seltsamen Wege sagt, auf denen das Neue in die Welt kommt, die von Bangladesch nach San Francisco über Merseburg und Knechtsteden führen, nicht eben und geebnet, auch über das gesellschaftliche Klima von Ländern und den Folgen, die das hat. Im Fall von Jawed Karim und seiner Deutschland-Erfahrung im alten Osten und Westen ein betrübliches Exempel von *Braindrain* aus dem »Land der Ideen«; schade, YouTube musste ja keine US-amerikanische Erfindung werden. Oder vielleicht doch, weil es eben die funktionierenden Schmelztiegel sind, aus denen die Innovation brodelt.

YouTube ist eine unerschöpfliche Quelle für Musik und Musikvideos, Tiere, Spielfilme, Opern, Schaufenster für annähernd alles (minus Pornografie, dafür gibt es *YouPorn*), Vorlesungen und Verschwörungstheorien; es produziert Neologismen wie »Unboxing« (Videos, in denen man Menschen zuschaut, die Produkte auspacken und vorstellen) und Berufsbilder wie das des *Youtubers*; außerdem Tutorials für praktisch alles. Und natürlich auch Katzenkindervideos. Mit YouTube wurde Videostreaming zum Massenphänomen, auf Seiten der Produktion wie der Rezeption: Wirklich jeder und jede kann per unkompliziertem Upload zum Sender werden, und die Verknüpfung mit den Bewegtbild-Möglichkeiten der Smartphones erwies sich als wichtiges Puzzleteil im großen Bild der digitalen Revolution. YouTube, als Teil des Google-Imperiums, entdeckte auch früh den Zusammenhang zwischen Reichweite und ihrer Monetarisierung durch zahlungspflichtige Werbung. Und Musik spielte bei YouTube von Anfang an eine Rolle: unprofessionell selbstgemachte Videos von Laienchören, semiprofessionelle von Streichquartetten, professionelle Werbeclips von Plattenfirmen; legal, halblegal und gar nicht legal gefilmte Konzerte und Opern; Mitschnitte aus dem Kulturfernsehen oder gleich von DVDs, und zu einem nicht unerheblichen Teil auch Umschnitte von CDs oder sogar Schallplatten, zu denen sich gar kein Bild bewegt, sondern man nur auf ein Porträtbild der Callas oder eine hausgemachte Slideshow mit mehr oder weniger passenden Illustrationen schaut. Seit 2015 gibt es auch YouTube Music als Freemium- und werbefreien, aber kostenpflichtigen Service.

YouTube ist ein gewaltiger Lagerraum, er enthält überwiegend Gerümpel, aber auch, je nach Perspektive und Interesse, wertvolle Inhalte und echte Fundstücke:

Man muss sie halt finden. Weswegen Institutionen, Firmen, Hersteller eigene YouTube-Kanäle aufbauen, hoffend, ihre analoge Marke in die digitale Welt übertragen zu können, oder hier einfach erst einmal auffindbar zu sein. Man kann diese Inhalte bewerten, Daumen rauf oder runter verteilen oder auch kommentieren. Was da zu lesen ist, liefert reichlich Stoff für Diskussionen um Vor- und Nachteile eines offenen Meinungspostings. Was für das Spektrum des Wertvollen und Unsäglichen in den unendlichen Weiten von YouTube gilt, das zeigt sich auch in den teils erbitterten Debatten, die sich ja gern an Musik entzünden: blanker Hass, ätzende bis sinnfreie Polemik, haltlose Bewunderung, aber auch faszinierende Expertise en détail, wenn eine amelia4253 auf einen warum immer interessanten Moment einer David-Oistrakh-Aufnahme von Schostakowitschs Zweitem Violinkonzert bei Minute 24:02 hinweist. Zu jedem Fund gibt es eine Liste von Optionen zum Weiterschauen und -hören, auch hier kann man sich verlieren. Eine unüberschaubare Zahl von privat oder institutionell betriebenen Kanälen machen spezialisierte Angebote und werben um (kostenfreie) Abonnements. Und es werden, vor allem von Aficionados mit Fantasienamen, gigantische Mengen von eben nicht rechtefreiem Material hochgeladen. Da liegt es dann, durchaus auffindbar, nicht selten mit dem Hinweis, man wolle mit dem Upload keineswegs Rechte verletzen, verbunden mit der Einladung, gegebenenfalls Ansprüche geltend zu machen. Manchmal verschwindet dann ein Video, oder auch ein ganzer Kanal, und nicht selten taucht das Stück nach kurzer Zeit an anderer Stelle wieder auf. Die Durchsetzung von Rechten im Netz ist ein mühsames, langwieriges und oft wenig lohnendes Unterfangen, wirklich verfolgt werden meist nur eklatante Verstöße. Aus Sicht der alten Welt fester Strukturen und gesicherter Eigentumsansprüche ist YouTube eine gewaltige Grauzone, dabei ziemlich fluide. Daran hat überraschenderweise auch die 2019 verschärfte Urheberrechtsregelung, wonach die Plattformen in die Pflicht der Prüfung auf Rechteverletzung genommen werden, bislang weniger geändert als von den Gegnern dieser Reform befürchtet. Vor allem die vermutlich unumgängliche Zwischenschaltung von Upload-Filtern wurde als Anschlag auf die Freiheit des Zeigens von allem gesehen. Immerhin formuliert YouTube seine Teleologie ja wie ein demokratisches, aufklärerisches Grundrecht: »Unsere Mission ist es, allen eine Stimme zu geben und ihnen die Welt zu zeigen.«[23] Von Werbeeinnahmen ist da noch keine Rede, auch nicht von Stimmen, die eine Demokratie nicht hinnehmen sollte, und Dingen, die man nicht zeigen sollte. Man wird sehen.

YouTube fungiert weiterhin als eine Art informelles Archiv von allen, für alle, das zu einem erheblichen Teil Musik enthält. Die magische Wachstumsformel dieser und anderer Plattformen heißt UGC, *user generated content*, was die direkte Koppelung des Nutzenversprechens an die Aktivität und Produktivität der Nutzer bedeutet. Das Versprechen, ohne technische Umstände und ohne Kosten einer annähernden Weltgemeinde mein Cellospiel zu zeigen, oder wie mein Kätzchen das Wollknäuel jagt, war und ist groß genug, um Massen in Bewegung zu setzen, deren Inhalte ihrerseits Massen erreichen können. Es können, rasend schnell, viele Millionen sein, wie beim CDU-Bashing des Youtubers, es sind aber sehr oft auch nur peinlich wenige – beides sieht man; man kann es ja immer gleich sehen. An den Klickzahlen und Daumenrichtungen zeigt sich in nüchterner Gnadenlosigkeit die Ökonomie der Aufmerksamkeit[24] des Internets: Es bietet eine Bühne für deinen Inhalt, aber es zeigt dir auch, wie nicht selten nur wenige andere Menschen sich dafür interessieren.

Das gilt für deine, meine, Ihre Versuche im Cellospielen, es könnte auch für das unscharfe Schwarzweiß-Video gelten, das Pablo Casals im August 1954 in der Halbdunkel-Einsamkeit der Abtei von Saint-Michel-de-Cuxa an der französisch-katalanischen Grenze beim Monolog von Bachs Erster Cellosuite zeigt. Das aber haben, seit 2011 und bis zum Jahresbeginn 2020, 1 354 186 Menschen gesehen.[25] Nicht so viele wie Rezos Wutrede, längst nicht so viele, wie populäre Unboxing-Artisten, Schminktipp-Freundinnen oder *Minecraft*-Gurus erreichen, aber doch eine ganz schöne Menge Leute. Und das, obwohl der Kommentar zum Video zu bedenken gibt, es seien dies nicht die besten Bach-Aufnahmen des Maestros, die fielen in die späten 1930er Jahre und seien nun einmal nur als Audio-Mitschnitte der EMI zu haben. Man kann das unverzüglich verifizieren, denn natürlich sind die Aufnahmen zwischen 1936 und 1939 auch nur einen Klick entfernt, so wie der Mitschnitt von Casals' Auftritt bei den Kennedys im Weißen Haus in Washington, oder auch seine Master Class zu Haydns Erstem Cellokonzert

1960 in Berkeley. Man sieht der Schülerin von hinten über die Schulter auf den älteren Herrn mit Strickjacke, das Wichtige ist hier weniger ihr Haydn-Spiel, sondern die Nuancen des Ausdrucks wohlwollender Kritik im Gesicht des Lehrers. Irgendwann unterbricht er die junge Frau, gratuliert ihr und findet, es könne vielleicht etwas weniger »rush« sein, mehr … und macht eine kreisende Bewegung, weil er nach dem englischen Wort sucht, dann spielt er vor, was er meint, und findet auch das Wort, »calm«. Mehr als 286 000 Interessierte haben das gesehen, sich von der rüden FBI-Warnung zu Beginn nicht abhalten lassen, die die Verletzung der mit diesem Video verbundenen Urheberrechte unter Strafandrohung stellt.[26] Sie haben sicher etwas gelernt dabei über den genetischen Code von Casals' sehr persönlichem Cello-Ton. Nicht eilen!

An Pau Casals' YouTube-Präsenz lassen sich die Potenziale des Mediums gut studieren: Es macht auf einfache Weise eben nicht nur Quatsch, sondern auch sehr viel »guten Inhalt« verfügbar. Es ordnet, was zu sehen und hören ist, ein – siehe den Kommentar zum Cellosuiten-Video –, nennt Zeit und Ort und Umstände und referiert den Vergleich mit den älteren Audio-Aufnahmen. Es verknüpft dieses Video mit anderen, hier der Plattenaufnahme, von der ich gerade gelesen habe, mit einem auf ganz andere Weise spannenden Cellospiel in einem Video, das Jacqueline du Pré zeigt, oder mit der Casals-Meisterklasse in Berkeley. Von da finde ich andere Masterclasses oder auch Rostropowitschs Haydn-Aufnahmen. Alles da, es hört gar nicht auf und muss ja auch nicht.

YouTubes bildende Wirkungen

Sind diese Videos »unterhaltsam«, »witzig«, »neu/zeitge-
mäß«? Letzteres eher nicht, unterhaltsam schon, dem
jedenfalls, der die Augenzeugenschaft von Bildungs-
prozessen wie im Haydn-Konzert unterhaltsam findet,
immerhin eine nicht verschwindende Minderheit, bestimmt viele Cellisten, überall auf der Welt. – Das Bedürfnis, dass die Videos, die man bei YouTube anschauen
kann, so sein sollen – witzig, zeitgemäß –, hat eine Mehrheit von 12- bis 19-Jährigen geäußert, die der Rat für Kulturelle Bildung 2019 zu ihren YouTube-Nutzungsgewohn-
heiten und -erwartungen repräsentativ befragt hat, mit
Blick auf Bildung und Kultur und dem zumindest auf den
ersten Blick überraschenden Ergebnis: YouTube ist ein
zentraler Lernort für Jugendliche und flankiert das schu-
lische Lernen. Mehr noch: »Sie kommen in Kontakt mit
Angeboten, Ästhetisierungsformen und Möglichkeiten,
die sie vorher nicht kannten. Zudem haben sie den Eindruck, dass vieles von dem Gezeigten für sie machbar
und leicht umzusetzen sei.«[27] Benjamin Jörissen, der über
die Zusammenhänge von Digitalisierung und kultureller
Bildung forscht, sieht in der »Inspiration zum Nachah-
men und Mitmachen« den stärksten Impuls: »Wie auch
auf anderen Plattformen wie etwa TikTok[28] ersichtlich,
sind audiovisuelle Formate offenkundig besonders für
das mimetische Lernen und durchaus körpernahe Lernen interessant. Hierbei spielt, wie sich vermuten lässt,
jedoch nicht nur die ›spiegelneuronale‹ Mimesis von
Körper und (Video-)Bild eine Rolle, sondern ebenso der

Archivcharakter der Plattform. Es ist dann zum Beispiel das Erklärvideo eines Rockklassikers, das die Gitarren-griffe und die tonalen Verläufe eines Songs Schritt für Schritt erläutert – und wenn hierbei eine Frage offen bleibt, gibt es zumeist noch Alternativen.«[29]

Das meint natürlich zunächst das Pink-Floyd-Solo, es meint ferner die Verfahren der Aneignung – Remix, Mash-up, Sampling –, nicht vor allem Casals' Cellokunst. Aber YouTube ist vieles zugleich: 86 Prozent aller jugend-lichen Befragten nutzen die Plattform, und zwar fürs Ma-the-Tutorial genauso wie für kosmetische Empfehlungen von der Influencerin. Bemerkenswert ist dieser nach-weisbare Impuls zu eigener künstlerischer Betätigung, und dass zu jeder erdenklichen Spielart reiches Anschau-ungs- und Anregungsmaterial auffindbar ist, für die klei-ne Gruppe der Cello-Fans eben auch der Blick auf einen alten Meister. Was Jörissen die Archiv-Funktion nennt, sollte nicht unterschätzt werden: Es ist einfach erst mal da.

Musik ist wichtig für Jugendliche, weiterhin. Die JIM-Studie (Jugend, Information, Medien) 2018[30] sieht, was die Kanäle der Rezeption angeht, das Audio-Streaming mit 62 Prozent erstmals auf Platz 1, gleich gefolgt von YouTube mit 57 Prozent. CDs, MP3 kommen nur noch auf 24 Prozent, Live-Radio immerhin noch auf 57 Pro-zent.[31] Das sind eindrucksvolle Zahlen, was die Zukunft der Streamingdienste und die zentrale Rolle von You-Tube angeht. Wer sich um seinen Inhalt und die Zu-kunft seiner Wahrnehmung durch die kommenden Generationen sorgt, sollte an ihnen nicht vorbeisehen.

Jörissen resümiert, »dass gerade dort, wo Selbstlern- und Peereducation-Angebote auf YouTube sich wesentlich von den Angeboten der etablierten Kulturellen offline-Bildung im Hinblick auf Genres, Stile und andere habituelle Aspekte unterscheiden, Bedarfe und neue jugendkulturelle Dynamiken ablesbar werden, zu denen Bildungsanbieter sich verhalten sollten.«[32]

Sich verhalten sollten. Das ist fein formuliert und vermutlich weit untertrieben. Haben die in der Regel institutionellen »Anbieter« von kultureller Bildung, die Vermittler der Künste, es erkannt?[33] Solange eine Präsenz auf den relevanten Plattformen vor allem als Spiegel oder Schaufenster der analogen Angebote verstanden wird, solange es an entschiedenem Engagement von Expertise, Einfallsreichtum und Budgets mangelt, sieht es nicht danach aus.

Menschen, junge, ältere auch, hören weiterhin Musik. Die Transformationsdynamik des Digitalen hat, so viel ist bis hierhin schon deutlich, unter den Künsten die Musik am fundamentalsten erfasst. Mehr als die stärker an ihre Materialität gebundene bildende Kunst, mehr als die Literatur, die eben doch noch zu einem erheblichen Teil zwischen Buchdeckeln stattfindet – auch wenn das Netz als Publikationsort für jeden und alles natürlich eine neue Rolle spielt: Es wird gelesen, sprunghafter vielleicht, vielleicht hüpfend von Hyperlink zu Hyperlink, es werden auf YouTube bestimmt mehr performative Formate gesehen, Poetry Slams, was immer. Wer sich für Tanz oder Theater interessiert, wird hier ebenfalls viel mehr zu sehen finden als je zuvor. Doch in

Bezug auf die allverfügbare Musik wirkt das beschriebene Nebeneinander von Audiostreamingdiensten und der Bedeutung von YouTube erheblich stärker. Schauen wir zuerst auf die Hardware.

Weltabschirmung

Telefone sind heute hocheffiziente Musikapparate. Es kreist, atmend, nichts mehr, Hans Castorp hätte wenig zu sehen. Wir sind umgeben von einer Kette nahezu lückenloser Musikversorgung, unterwegs über Smartphones und Tablets, vielleicht noch MP3-Spielern, stationär sowieso, wohl auch an die digitalen Ströme angeschlossen, womöglich mit einem smarten Beschallungssystem für alle Räume. Mutmaßlich sehr viel mehr als früher kommt die Musik aus Kopfhörern, sie sind ein Requisit im öffentlichen Raum geworden. Was einmal ein Zeichen besonderer Fokussierung auf die Musik war – wenn man zu Hause unter großen Headphones sich einem Stück, einer Platte besonders widmete –, ist inzwischen eher ein Hilfsmittel der Zerstreuung. Kopfhörer sind heute entweder auffällig – von markenbewussten Zeitgenossen mit Stolz so getragen, dass das B für *Bose* oder *Beats* der Mitwelt nicht entgeht – oder diskret *in-ear*, wobei das weiße kabellose Apple-Modell aus der Diskretion wieder eine Auffälligkeit macht. So oder so: Der Kopfhörer im öffentlichen Raum schirmt den Hörer von der Außenwelt ab, ein Puffer zu den Zumutungen der (Großstadt-)Umwelt, die sich so jedenfalls akustisch ausblenden lassen. Je lauter es draußen wird, desto lauter hält die innere Musik dagegen. *Noise cancelling* filtert ganz buchstäblich die durchgehenden Geräuschfrequenzen von Flugzeugen oder Zügen aus den Brandenburgischen Konzerten oder den Streicheleinheiten von Ed Sheeran.

So beschrieben wirkt das neue, massenhafte, öffentliche Musikhören unter Kopfhörern als eine Art Ersatzhandlung oder Betäubungsmittel, nicht unähnlich dem Paffen von E-Zigaretten, eines der modernen Rausch- und Gegenmittel gegen jenes »Unbehagen in der Kultur«, das seit Freuds scharfer Analyse 1929 sicher nicht weniger geworden ist.[34] Der einsame Hörer, die einsame Hörerin in der Menge, allein mit Bach oder Sheeran, setzt ein Zeichen gegen die Anfechtungen des Außen, entscheidet sich gegen den Lärm und für seine oder ihre Musik-Präferenz. Im Zug, wenn der Schaffner nach dem Fahrschein fragt, trennt man sich dann vom Abschirmungsinstrument mit einer Geste, die inzwischen weniger erschrocken als irgendwie hoheitsvoll aussieht. Der öffentlich-einsame Musikkonsum ist keine verdruckste Angelegenheit, sondern ein Akt der Tagträumerei, des Offenhaltens von Sichtachsen zum ganz anderen. Eher verdruckst stehen heute die verbliebenen Raucher mit hochgezogenen Schultern in den für sie vorgesehenen Reservatsräumen. Freiheit und Abenteuer sehen anders aus. Musik kann das, im Anspruch, Kunst zu sein, oder einfach nur populär, oder in den unendlichen Mischungsverhältnissen von Kunst und Pop: den Blick herüber in ein schöneres Anderswo lenken und zugleich Heimat sein, einen inneren Bezirk des Gekannten und Vertrauten markieren. Gelegentlich fragt man sich, in welchen Gefilden dieser Hörer, jene Hörerin wohl gerade unterwegs ist, häufig lassen die monoton rasenden Hi-Hat-Schläge, die durch die Kopfhörer nach außen dringen, auf das dumpfe Bass-Bum-Bum schließen, das darunter zu vermuten ist, bekräftigend, affirmativ, gleichlaufend, eine Art Fitnessmusik, eingesetzt zur Alltagsbewältigung wie ein doppelter Espresso: triste Tapeten anästhetischer Abstumpfung. So wirkt es, so glaubt man es in den Gesichtern der Nebenmenschen zu lesen; aber wer weiß, die Vorstellungen vom Paradies sind so verschieden wie die von einer banalen Alltagsverschönerung.

Dies angemerkt erstens, um einem vielleicht kulturkritischen Reflex differenzierend zu begegnen, der das öffentliche Kopfhörerhören pauschal als oberflächlich verachten möchte. Die Mahnung zum guten Hören ist ja ein sehr altehrwürdiger Kampfplatz für die Disziplinierung des Publikums, das sich die Besitzer des besseren Geschmacks am liebsten in ihrem Sinne »gehorsam« denken.[35] Nun backen die Besserwisser-, -hörer, -gucker inzwischen ohnehin kleinere Brötchen, weil ihre Gesetze und Normen in den rasenden Trans- und Neuformationen der Gesellschaft, der Technik, Mentalitäten, Bildungsideale usw., die wir eben beobachten, nicht mehr für alle gelten. Die alten Imperative, »musst du kennen, und du musst es auf diese genau vorgeschriebene Weise rezipieren«, haben ihre Macht verloren, vorbei. Auch wenn einem immer noch Akteure im Kulturbetrieb begegnen, die ihre diesbezüglichen Ansprüche in einer Welt, die sich gedreht hat und immer schneller dreht,

hochhalten, beharrlich, traurig, manchmal auch jäm-
merlich. Aus der Perspektive eines Alltagssoziologen,
der das Subsystem Musik für wertvoll hält, weil er der
Musik, den Künsten überhaupt, eine wünschenswerte
Wirkung auf die Wahrnehmung von Welt zutraut, sie
nämlich reicher und genauer zu machen, sind nun große
Mengen von Menschen, darunter viele junge, die Musik
hören, und das über Kopfhörer und in womöglich grenz-
wertig datenreduzierter Qualität, keine bloß schlechte
Nachricht. Auch wenn ich nicht allem, was da läuft, das
Potenzial der sinnlich-intellektuellen Horizonterweiterung zugestehen möchte, es gibt ja doch Unterschiede:
Womöglich auch Musik, die Hirnzellen sterben lässt,
bum für bum, wenn es da mit deutlich zu viel Dezibel
aufs Trommelfell hämmert.

Und zweitens ist noch eine Differenzierung anzustel-
len, was das mobile Hören per Kopfhörer angeht. Denn
die – durchaus auch kritisierbare – Weltabschirmung geschieht ja in der Regel nicht hermetisch dicht. Es ergeben sich durchaus interessante Interferenzen zwischen
der Musik, die man hört, und den Räumen, in denen
man sich bewegt. Wer will behaupten, dass angemessene Rezeption nur unter den Bedingungen von Konzertsaal und allenfalls Wohnzimmer möglich sei? Beethoven im Ohr, sehe ich auf der Straße, in der U-Bahn der
Menschheit ins Gesicht, die er in der *Neunten* und nicht
nur dort adressierte, das kann die Welthaltigkeit dieser
Musik sehr wohl erhöhen. Ich kann, im Fitnessstudio,
mich zu den Energieentladungen der *Siebten* verausga-
ben und muss solche Rückübersetzung von Bewegungs-

energie nicht für einen Missbrauch halten. Und wenn die richtige Musik, diskret im Ohr, die Erfahrung eines Kunstwerks im Museum intensiver macht: schlimm?

Das wäre vielleicht ein Kriterium ästhetischer Erfahrung: ob das Alltags- (oder Sonntags-)Erlebnis von Musik, jenseits der für eine herausgehobene, eindeutig fokussierte Rezeption vorgesehenen Räume, zu einer Öffnung der Wahrnehmung im Zwischeneinander von Musik und Umwelt führt oder nicht. Und vielleicht ist die gerade seitens der Propagandisten des »guten« Hörens implizit geprägte Vorstellung einer »Reinheit« der Rezeption im Lichte dieser Beobachtungen zur grenzenlosen Mobilität von Musik (die natürlich nicht mit dem Streaming begonnen hat, sondern mit Sonys Walkman und Discman, ja noch früher mit dem Transistorradio) noch einen Moment zu bedenken. Die Reservierung von privilegierten Sonderräumen (Konzertsäle, private Schallzellen) als den eigentlich »richtigen« Orten des Hörens, aus der Sorge um eine Korruption der Wahrnehmung; die Furcht vor »Reizüberflutung«; die Idee einer »reinen« Rezeption, gern verbunden mit einer Sehnsucht nach »Entschleunigung« – all das erscheint erklärbar aus der medialen und Alltagswirklichkeit und dem, auch musikalischen, Dauerbeschuss, dem das Subjekt ausgesetzt ist. Sie läuft aber auch Gefahr, Musik als Kunst hermetisch abzuschließen und für die doch immerhin denkbaren neuen Qualitäten des mobilen Musikhörens taub zu sein. Vielleicht braucht es da eine der durchdigitalisierten Welt eher gerecht werdende Theorie der Zerstreuung, vielleicht auch die genauere Erforschung der neuronalen Effekte von Musikhören. Zerstreuung eben nicht nur im Sinne der Ablenkung von etwas Bestimmtem, sondern der Öffnung zu etwas anderem. Hans Werner Henze sprach von seiner Musik als einer *musica impura*, »›befleckt‹ mit Schwächen, Nachteilen und Unvollkommenheiten«.[36] Vielleicht taugt das Konzept auch auf Seiten der Rezeption; es gibt auch da keine unbefleckte Empfängnis: Wir hören Musik nie ohne Nebengeräusche, die der Welt, die uns umgibt, wie die unserer irrenden Gedanken und Ablenkungen und Assoziationen. Einstweilen wollen wir die neue Kopfhörerei nicht nur dumm finden. Kopf und Hörer: eigentlich keine per se schlechte Kombination.

Verloren im All

Ein fundamental-akustisch kritischer Aspekt des Kopfhörerhörens ist hier indes noch nachzutragen: Wo das Hören in der beschriebenen Weise räumlich eine abgeschlossene Angelegenheit zwischen technischem Gerät, Ohr und Hirn bleibt, fehlt dieser so wahrgenommenen Musik notwendigerweise eben die Dimension des Raums, trotz allerhand Equalizer-Tricks und bei manchen Modellen schon aberwitzig überproportionierten Bassfrequenzen. Es geht am Bauch vorbei, dem untrüglichen Rezeptor für die körperlichen Auswirkungen von Musik, dem Zielpunkt der Bass-Drum im Club wie dem überwältigenden Zorn-Gottes-Getöse im »Dies Irae« von Verdis *Requiem* oder dem tief existenziellen Grummeln an der Hörbarkeitsgrenze am Ende von Mahlers Neunter Symphonie.

Der nicht zu heilenden Einschränkung in diesem Punkt steht nun die unfassbare Erweiterung des verfügbaren Repertoires gegenüber. Es ging so schnell und geschmeidig, dass man sich gelegentlich erinnern muss, was da geschehen ist. Dass eben ein erheblicher Teil der in der Welt auf Schallplatten und CDs überhaupt konservierten Musik in annähernder Gleichzeitigkeit da ist und über Ohrstöpsel oder Computer oder High-End-Stereoanlagen gestreamt werden kann. Es ist so viel und der Katalog so annähernd vollständig abrufbar, dass die paar Ausnahmen fast als Fundstücke zu würdigen sind. Es fehlte lange Zeit das epochale Werk der Beatles; für manche waren andere oben schon erwähnten Lücken leichter verschmerzbar. Sei dem, wie ihm sei: Die Beatles und Taylor Swift sind heute so fix und vollständig abrufbar wie der ECM-Katalog. Wer genauer sucht, findet immer noch Fehlmeldungen, manche erklärbar aus dann doch einiger Entlegenheit, der historischen Ferne etwa einer BBC-Mahler-Aufnahme aus dem Jahr 1971 mit Bruno Maderna; und manchmal auch unerklärlich: Den famosen Beethoven-Symphonien-Zyklus der Bremer Kammerphilharmonie unter Paavo Järvi darf man schon vermissen, fehlt schon lang, ist aber vielleicht auch schon drin, wenn dieses Buch erscheint. Man mag sich trösten mit einem Himalaya von anderen Aufnahmen des gleichen Repertoires von Arthur Nikisch bis Andris Nelsons, aber diese ist tatsächlich besonders, und eben und ausnahmsweise: nicht da.

Von solchen Einzelfällen aber abgesehen: Alles da, und das ist eben auch ein Problem. Es ist das Problem der Auswahl aus der Überfülle. Denn angenommen, viele Menschen um mich herum sprechen gerade über die epochale Bedeutung von Beethovens Symphonien, vielleicht ist ja gerade Beethoven-Jubiläum, und ein wenig ist meine Neugierde stimuliert: Welche von den Neunen soll ich denn hören, vorn anfangen mit Nummer 1 oder gleich zu »Freude, schöner Götterfunken«? Irgendwas dazwischen? Und wenn ich mich dann etwa für die 5 in der Mitte entschieden habe: Welche der nach Hunderten zählenden Alternativen soll ich auswählen? – Ist das nicht gleichgültig, weil ich mich eben nicht als Experte sehe und die Nuancen und Details, über die Experten gern streiten, mir ohnehin nichts sagen? Oder ist es gerade anders: Was, wenn ich von der Fünften vielleicht nur das initiale Jatata-taa kenne und vom ganzen Werk womöglich weniger erschüttert bin, als mir überall versprochen ist – liegt das womöglich daran, dass ich unter tausend Aufnahmen (wie viele es sind, ist gar nicht einfach zu überschauen; es sind jedenfalls genug, um sich einige Tage, vielleicht Wochen damit ununterbrochen beschallen zu lassen) auf die falsche getippt habe, weil es eine langweilige Routine-Einspielung ist, weil es eine allzu verrauschte historische Aufnahme ist, die nur die Experten begeistert, die durch das Rauschen und Knistern hindurch Wesentliches zu erkennen vermögen? Ich weiß es nicht, und das ist etwa der Punkt, an dem die Wahl zur Qual wird.

Vorbei die Zeit– es waren die 60er und 70er Jahre des

Da atmet noch was: Herbert von Karajan und ein Tonträger

vorigen Jahrhunderts –, als klar war: wenn Beethoven, dann Karajan, am besten mit »seinen« Berlinern, in der je letzten Fassung nach technisch neuestem Stand, Stereo, Digital, Bildplatte,[37] was gerade anstand.

Wer auf seinen Status als Konsument von und mit »Kultur« hielt, hatte die Vinyl-Boxen zu Hause stehen und tauschte sie später pünktlich gegen das Versprechen auf die Rausch- und Knisterfreiheit der CD aus. Gerüchteweise hörte man vielleicht davon, dass Karajans Beethoven-Zyklus der 1950er Jahre mit dem Philharmonia Orchestra aus London, obwohl teilweise noch Mono, noch mehr Schwung und Finesse hatte. Aber eigentlich lag der Fall klar, man drückte auf Play oder ließ die Nadel auf die Schallplatte sinken im sicheren Bewusstsein, gleich die beste Musik in der besten Interpretation und, je nachdem, besten Technik zu hören. Ein gutes Gefühl, und es ist auch nicht zu unterschätzen, dass seinerzeit der Konsum von klassischer Musik noch deutlich stärker auch vom Aspekt des sozialen Distinktionsgewinns[38] geleitet war; »Klassik« gehörte zum jedenfalls bürgerlichen Grundbedarf an »Kultur«, der Kanon des Richtigen und Wichtigen war klar und bestimmte die Auswahl von vornherein. Wenn Beethoven, dann also und jedenfalls Karajan, dessen Fasziniertsein vom technischen Fortschritt sich in den Jahrzehnt für Jahrzehnt neu eingespielten Zyklen spiegelte. Ein Sonderfall in der Geschichte der konservierten Musik, auch unter dem Aspekt, dass die Spieldauer des neuen Datenträgers Compact Disc auf die Dauer einer Neunten Symphonie in Karajans Tempi festgelegt wurde. Es war wohl das letzte Mal, dass klassische Musik einen Industriestandard setzte.

Es ist lang her, gemessen an dem, was sich seither geändert hat: eine Ewigkeit. Die Länge eines Musikstücks, überhaupt Speicherkapazität, ist annähernd kein Thema mehr. Und die Repertoiretiefe kennt fast keinen Grund. Auch das hat natürlich, neben der Mobilisierung von Musik, Folgen dafür, wie wir hören. Beginnend damit, wie oft man eine Platte auflegte. Nämlich mutmaßlich viele Male, wenn die Zahl der Tonträger begrenzt ist. Um bei unserem Beispiel zu bleiben: Für eine ganze Generation von Hörerinnen und Hörern dürfte sich der glatte, perfekt polierte, etwas sterile symphonische

Karajan-Sound jener Jahre so tief in das musikalische Gedächtnis eingeschrieben haben, dass erst daran der Neuigkeitswert, ja Schock der ganz anderen Klangphilosophie der folgenden »historisch informierten« Aufführungspraxis zu messen ist. Sehr grob skizziert, traten, was etwa den Beethoven-Sound betrifft, neben die historischen Modelle der zu Antipoden stilisierten Furtwängler und Toscanini, neben die lange »herrschende Lehre« der Moderne Karajans jetzt multiple Auffassungen, was Tempo, Darmsaiten, Vibrato, Artikulation, Stimmung und anderes mehr betrifft. Aber alles noch, für den Interessierten, überschaubar. Wer es genauer wissen wollte, weil er in den 1980er Jahren etwa als Leser von Jürgen Kestings epochaler Geschichte des Kunstgesangs auf die dort besprochenen Schallplatten[39] neugierig geworden war, musste sich mit Findigkeit, Hartnäckigkeit, Geduld und einem nicht unerheblichen Budget auf die Suche nach den oft auf entlegenen Speziallabels erschienenen historischen Größen machen. Was ebenso für Jazz oder Bluesplatten galt, die über Spezialvertriebe in den USA bestellt, nach sechs Wochen zu Hause landeten und nach solcher langen Suche und Reise natürlich sehr im Einzelnen zu würdigen waren. Oder man schnitt Radiosendungen zu den Lieblingsthemen mit. Eine andere Zeit.

Spotify und die anderen Audiostreamingdienste, dazu die grenzenlosen Weiten von YouTube, das zudem noch die Türen zur Welt des semiprofessionellen oder sogar Amateur-Musizierens öffnete, haben das alles gründlich geändert. Wer einfach mal was hören will, findet sich verloren im All der totalen Verfügbarkeit.

Die Menge Musik ist explodiert, auch die Menge des Mittelmäßigen. Das liegt daran, dass bei YouTube oder auf seiner eigenen Website jeder seinen Beethoven ins Netz stellen kann, und auch das Video eines Symphonieorchesters der zweiten oder dritten Liga, das sonst kaum die Chance auf Veröffentlichung bei einem relevanten Plattenlabel gehabt hätte, steht zum Abruf auf Stichwort »Beethoven 7« bereit, neben den weit berühmteren Kollegen. Man muss dann schon genau hinschauen, wo man landet. Das gilt auch für die alte Welt der CDs, dazu haben die durch die Digitalisierung dramatisch gesunkenen Basiskosten einer Produktion beigetragen: Durch smarte Technik sind Aufnahme, Schnitt und Umschnitt, das Pressen einer CD und die Herstellung eines Booklets längst keine Staatsaffäre mehr. Die Menge der Neuerscheinungen – und sei es im Selbstverlag, wenn auch weniger namhafte Orchester (mit inzwischen im Durchschnitt deutlich gestiegener Spielkultur, wie man auch sagen muss), Pianisten und Geigenvirtuosinnen auf bald jedem Niveau ihre Sicht der Dinge der großen Werke gern dokumentiert sehen möchten – drängt ihrerseits in die Kataloge von Spotify und Co, es wird nahezu unmöglich, sich ein Bild nur von den Novitäten zu machen, geschweige denn von den Tiefen des Archivs.

Wir sprachen vom Problem der Überfülle. *When Choice is Demotivating: Can One Desire Too Much of a Good Thing?* ist der Titel einer psychologischen Studie,[40] die schon im Jahr 2000 und nicht in Bezug auf klassische oder andere Musik, sondern auf Marmelade, belegte, was man angesichts etwa einer Überauswahl von Kaffeespezialitäten wohl schon ahnte: Die Freude am Vielen ist nachweislich getrübt durch den Zwang, aus dem Vielen auswählen zu müssen. Das ist eine privatempirisch vermutete, aber für die Konsumforschung überraschende Erkenntnis, geht doch das kapitalistische Gesetz davon aus, dass mehr Auswahl mehr Appetit macht und zu mehr Konsum führt. Tatsächlich gehen wir, vor einem übervollen Marmeladenregal wie vor den unendlichen Musikangeboten der digitalen Ozeane, in Deckung.

Nicht das Richtige zu finden: Das kann, gerade im Interessengebiet klassische Musik, auch an den meist mangelhaften, nicht eben »elastischen« Suchwerkzeugen liegen. Ganz so schrecklich, *Terrible, Horrible, No Good*, wie der Verfasser eines detailreichen Wutanfalls[41] über das mangelhafte Metadaten-Management beim Klassische-Musik-Streaming meint, ist es vielleicht doch nicht, wenn auch der Sucherfolg immer noch zu sehr von der Findigkeits- und Vorwissen-Expertise des Nutzers abhängt: Es ist schon gut zu wissen, dass man Schostakowitsch so, aber auch Shostakovich oder Chostakovich oder in dreizehn anderen Schreibweisen aufführen kann, die dann womöglich auch deutlich variante Resultate ergeben.

Für unsere Zentralfrage, wie es um die Spezifik ästhetischer Erfahrungen in den Turbulenzen der digitalen Revolution bestellt ist und was die Zukunft da womöglich noch bringen könnte, wird der Aspekt der Kuratierung, der unterstützten und begleiteten Auswahl (im nächsten Kapitel) noch eine Rolle spielen. Hier geht es erst einmal darum, die laufenden Transformationsdynamiken in den Blick zu nehmen.

Browse! Playlists und Mood Management

Surfen, scrollen, posten: Das Internet hat uns eine Reihe neuer Aktionsformen gebracht; nehmen wir an dieser Stelle noch das Browsen dazu, auf einen Anglizismus mehr kommt es nun auch nicht mehr an. Tatsächlich treffen die neuen Verben auch im Deutschen das Gemeinte ziemlich genau, auch in seiner semantischen Mehrdeutigkeit: *To browse*, das ist erst mal das Stöbern, in einem Buch, in einer Zeitschrift, vielleicht in einer ganzen Bibliothek; nicht nur zielbewusst suchen, sondern flanieren, sich umsehen, gelassen auf Momente von Serendipität, glücklichen Zufallsfunden, hoffen, daher auch »auf gut Glück«. Im landwirtschaftlichen Kontext heißt es auch weiden, grasen, sogar abfressen; in der digitalen Welt: etwas durchsehen. *Browsing* ist hier die Verbindung zwischen einem Interesse und einer passenden oder ungefähr passenden Information, aber eben auch mit dieser Konnotation des halb Zielbewussten; wir browsen eben herum, surfend auf der Suche nach der nächsten guten Welle, die einen unter Umständen in eine neue, andere Richtung trägt. Mit einem anderen Bild: überfliegen. So wie man es auch vor einem Buchregal erfährt: Neben dem eigentlich gesuchten Werk stoße ich auf ein anderes, ebenso interessantes, oder auf eine neue Frage und ein neues Interesse. Browsen ist nicht forschen oder recherchieren, aber auch keine vollkommen zufallsgeleitete Bewegung in einem Gegenstandsbereich. Es ist und kann, in der algorithmisch assoziativen Suchmaschinen-Systematik des Internets, gar nichts anderes sein, etwas dazwischen. Nicht zu verwechseln damit ist die direkte Verbindung von Inhalten durch Hyperlinks.

Die Antwort von Spotify und anderen Audiostreamingdiensten auf das Problem der Über-Auswahl ist vor allem das Instrument der Playlist. Ältere erinnern sich an den romantisch konnotierten Brauch, dem oder der Liebsten eine Mix-Kassette, später eine selbstgebrannte CD mit einer Folge von Lieblings- oder jedenfalls besonders bedeutsamen Stücken zusammenzustellen. Man kann da sehr viel Liebe hineinstecken, sowohl was die Auswahl als auch was die Dramaturgie und Verpackung angeht. So ein Mix kann ein Kunstwerk sein, und solche Art Kompilierungsarbeit wäre durchaus zu den vielfältigen Verfahren von Remixing, Sampling etc. zu zählen: Die themen- oder mindestens vorliebenbezogene Auswahl und Anordnung schaffen je neue Kontexte und Bedeutungszusammenhänge.

Spotify bot von Anfang an Playlists an, die naturgemäß bestimmbare Adressatengruppen zusammenfassen müssen, es sind ja keine Liebesbotschaften an bekannte Einzelne, sondern, viel weniger romantisch, Einladungen an unterschiedliche Nutzerprofile. Diese kann man sich entweder als feste, definierte »Schubladen« vorstellen oder als mehr oder weniger personalisierte Empfehlungen auf Basis der Analyse des protokollierten Nutzerverhaltens. Was hat jemand gehört, wonach gesucht – alles Gegenstand anstupsender Analysen. Der Algorithmus errechnet daraus, über die Bestimmung von Ähnlichkeiten, was für den Nutzer, die Nutzerin ebenso interessant sein könnte. Die möglichst genaue Analyse des Käuferverhaltens definiert das Internet-Marketing generell: »Kunden, die diesen Artikel gekauft haben, kauften auch ...«, heißt es zuverlässig in Amazons Shop für einfach alles. Wer nach einem Wasserkocher sucht, dem kann man auch ein Filtersystem ans Herz legen, und wer sich von Hans Ulrich Obrists Buch *Kuratieren!* interessiert, für den wäre auch Johann Königs *Blinder Galerist* ein guter Rat, und für den Händler eine Chance auf Umsatzsteigerung: Zwei Bücher verkaufen ist besser als eins.

Das Verfahren ist nicht dumm, es weiß jedenfalls, dass zwischen Wasserkocher und Wasserfilter eine Relation besteht und dass beide Bücher von prominenten Protagonisten der aktuellen Kunstszene stammen und autobiografisch geprägt sind. Die Schubladisierung von Musikpräferenzen ist dagegen oft eher dumm. Die auf klassische Musik spezialisierte Streamingplattform *idagio* bietet eine Auswahl von »Mood«-Bildchen an, die den ratlosen Nutzer, dem gerade nicht einfällt, wonach er konkret suchen könnte, zur Selbstprüfung seiner aktuellen Stimmungslage stimuliert: Ist sie heiter, ist sie traurig, suche ich Aufmunterung oder Sedierung, bin ich gar »tragisch« gestimmt? – Für jede Gemütsverfassung tun sich Hörvorschläge auf, im ersten Fall ist Haydn eine gute Wahl, im letzten wohl Brahms' *Tragische Ouvertüre*. Das mag als Einstiegsspiel für Einsteiger vielleicht seinen Sinn haben, wobei man sich den idagio-Kunden eher nicht als Anfänger vorstellen wird, da er sich immerhin für eine Plattform entschieden hat, die ihm die Spezialisierung auf sein Lieblingsthema klassische Musik vor allem als Ausschluss aller anderen, nämlich nichtklassischen Musik bietet. Wer sich, was seine Präferenzen angeht, so weit fokussieren mag, dass er etwa die Beatles lieber gar nicht im Angebot sehen möchte – für andere Hörer in der Tat »klassische« Musik –, dem sollten solche Stimmungsspielchen ein wenig dämlich vorkommen, denn er oder sie hat wohl schon erfahren, dass das Spannende an komplexerer, von mir aus klassischer, Musik darin liegt, eben nicht einen einzigen und eindimensionalen Affekt abzubilden oder zu stimulieren, sondern Ausdruck von gleichzeitig unterschiedlichen, womöglich sogar widersprüchlichen Stimmungen zu sein. »Vorrei e non vorrei«, ich will und will doch nicht, singt die junge Zerlina, als der Verführer Don Giovanni ihr die Hand reicht als Angebot zu eben Verführung und immerhin Untreue gegen ihren Bräutigam Masetto: Es ist das Zugleich widerstreitender Impulse, das viel mit unserer *conditio humana* zu tun hat – und so viel mit der Tragweite der Mozartschen Kunst. Dies nur als Beispiel. Man kann mit Erfolg daran vorbeihören und »La ci darem la mano« oberflächlich als Balz-Schlager in Wunschkonzert-Playlists oder als Hit im Klassik Radio dekontextualisieren. Es geht, das macht den Wirkungserfolg nicht nur bei Mozart aus, beides. Sprechen wir von Musik als Kunst, empfiehlt sich, genauer hinzusehen. Als Stimmungshit für definierte Gelegenheiten, etwa im Rahmen eines unterkomplex automatisierten Mood-Managements, erfährt das Stück vielleicht einen Popularitätsgewinn, sicher aber einen Bedeutungsverlust; die Empfehlung ist dann eben keine zum Hin-, sondern zum Weghören.

Da funktioniert die Klassik-Plattform methodisch nicht anders als Spotifys Playlist-Angebote, die sich unter dem Befehl »Browse« auftun. Im Untermenü »Stimmung« kommen gleich nach den »Happy Hits!« die »Wintergefühle«, und unter einem in melancholischem Schwarzweiß gehaltenen Landschaftsbild das Versprechen: »Der Soundtrack für romantische Winterspaziergänge«. Nebengedanke: Ob die Abbildungen verschneiter Landschaften in der Epoche allgemeiner Erwärmung als Chiffren romantischer Sehnsucht, nach Frost und Eis und Frieren wie früher, gerade eine ganz neue Karriere machen? Die Tracks dahinter haben mit Winterspaziergängen eigentlich nichts zu tun, unterscheiden sich von der Vorhölle der »Happy Hits!« aber durch eine melancholisch moderierte Gefühligkeit. Es sind siebzig Titel in einer etwa mittleren Stimmungslage, der Soundtrack zu einem eben nicht besonderen Film, nichts Persönliches, sondern Standard-Grau, Tapete, die nichts anderes sein will. Müssen wir die folgenden Kacheln »Die Dusch-Playlist: Laut aufdrehen und mitsingen – mit dieser Playlist startest Du perfekt in den Tag«, über »Stimmungsmacher: Schlechte Laune? – Drück den Play-Button!« noch durchhören? Die Happy Hits zählen[42] an die fünf Millionen Follower, gefolgt von »Have a Great Day« mit 4,5 und vom »Mood-Booster« mit 4,2 Millionen. Interessant noch die Kategorie »Life Sucks«, es ist für jeden was dabei, in diesem Fall immerhin noch 2,4 Millionen vom Leben aktuell Enttäuschter. Bei so viel Vielfalt überrascht die relative Gleichförmigkeit der Titel, die sich vor allem in die Basisaffekte »lustig« oder »traurig« sortieren lassen, und in diesen Großschubladen dann mit wenig Ausreißern und keinen Extremen auskommen. Es soll für alle sein und ist offenbar etwas für viele, es gibt aber Hörer, für die ist das alles nichts.

Neben den weiteren Abteilungen »Konzentration«, »Schlaf«, »Fitness« und »Dinner« findet man übrigens auch bei Spotify »Klassik«, darunter Kacheln wie »Klavier zum Entspannen: wundervoll verträumte Pianostücke zur Entschleunigung«, natürlich »Morning Classical« und »Classical Sleep«, aber auch »Chilled Classical«; insgesamt wird hier klassische Musik offenbar vor allem als Mittel zur Behandlung von Bluthochdruck gesehen. Immerhin die größte Anhängerschaft können die »Classical Essentials« hinter sich versammeln, 1,7 Millionen, das ist im Vergleich zu den besten Pop-Listen nicht übel; eine in ihrer Häppchenhaftigkeit kühne Häppchensammlung von Stückchen und Schnipseln, die sich als »perfect starting point for anyone who's keen to explore the world of classical music« annonciert. Das sind viel mehr als die Stimmungsklassik-Abonnenten, was dafür spräche, dass das Versprechen, so einen Startpunkt für eine Erforschungsfahrt durch die »Welt« der klassischen Musik zu bekommen, durchaus zieht. Die etwas ambitioniertere, auch häppchenhafte, aber durch Aufnahmen mit »legendären« Künstlern und höherem Eigenwert der einzelnen Tracks aufwartenden »Klassischen Meisterwerke« zählen dagegen gerade 55 000 Follower, schade. Unter den vorgeschlagenen nur acht CD-Neuerscheinungen sind vier aktuelle Film-Soundtracks sowie *Happy Days*, das aktuelle Album von André Rieu; nur Yuja Wang und Gautier Capuçon konnten die Schönheitskonkurrenz bestehen. Dass sie mit Cellosonaten von Franck und Chopin eher am Rand des hier favorisierten Repertoires segeln, spielt dann keine Rolle.

Musik für Menschen, denen Musik nichts bedeutet

Was die umfangreiche Playlist-Sektion von Spotify bietet, ist ein trauriges Bild, und das mit Blick auf die Musik wie auf die, die sie hören wollen sollen: Musik für Menschen, denen Musik nichts bedeutet. Und gemessen an den unendlichen Weiten dessen, was alles da ist und hier möglich wäre, ein Trauerspiel der Einfalt. Warum ist das so, wo doch mit überschaubarem Aufwand der Reichtum des Vorhandenen zumindest eisbergspitzenhaft sichtbar gemacht werden könnte? – Es zeigt sich an dieser Stelle vielleicht erstens, dass sich Spotify für seine Inhalte eben nicht interessiert und seine Rolle in der Funktion, eben Plattform für alles zu sein, erfüllt sieht. Zweitens wird man die Größenverhältnisse der Follower-Zahlen zur Kenntnis nehmen, 5 Millionen gegen 50 000, da scheint alles klar. Aber an dieser Stelle zeigt sich, einmal mehr, die Fatalität eines vermeintlich objektiven Medien-Controllings, das auf geringere Nachfrage mit weniger oder nachlässigerem Angebot reagiert – das dann für das mögliche Teilpublikum logischerweise weniger attraktiv erscheint. Ein klassischer Teufelskreis, denn es ist ja auch das Angebot, das eine Nachfrage schafft. Das ist, mit Blick auf Spotify, umso dümmer, insofern als das Angebot ja vorhanden ist. Wer weiß, was zu suchen ist, wird es meist finden; wer nicht weiß, was man suchen könnte, landet beim Tapeteneinerlei. Und um diesen tristen Zusammenhang noch zuzuspitzen: Solche Monotonisierungspolitik der kleinsten gemeinsamen Nenner wirkt ja zurück auf das Bild, das Mehrheiten von Menschen von Musik und ihrer Bedeutung haben, ein niederschwelliges Stimmungsstimulans, nicht viel anders als eine Duftkerze. Man kann das sogar in der Sprache der Ökonomie fassen, die wir hier, als kurzsichtig kapitalistische Investitionslogik (»geh nur dahin, wo die Vielen sind«), ja am Werk sehen: Das Missverhältnis zwischen dem sichtbar Gemachten und dem Vorhandenen ließe sich auch als mangelnde Wert-Schöpfung sehen. So bleiben Wunderkammern verschlossen.

Behauptet wird: Es ginge anders; wie – dazu später; und so desolat es beim reichweitenstärksten Streamingdienst aussieht, der hier genauer betrachtet wurde (weil es um die Zusammenhänge geht und die Schlüsse, die daraus zu ziehen sind) – bei den Konkurrenten ist nur wenig mehr Ambition zu erkennen, so wie etwa die Ankündigung auf Kuratierung en détail, mit der *Apple Music* angetreten ist, noch weitgehend uneingelöst erscheint. Der kleine französische Streamingdienst mit dem sperrigen Namen *Qobuz* bietet mehr, nämlich eine Listung der Neuerscheinungen, nach Genres filterbar, zum Teil kurze qualifizierende Texte, die nicht nur den PR-Verlautbarungen entsprechen; vor allem aber sind

hier auch Booklets vieler CDs abrufbar. Das ist die Ausnahme, und dieser Service hat seinen Preis.[43] Den sind
wohl vor allem die Aficionados von Jazz und Klassik
zu zahlen bereit, die meisten Hörer aber nicht, womit
sich wieder ein Kreis schließt: Die Allverfügbarkeit von
Musik im Stream, losgelöst vom Handel mit physischen
Tonträgern, hat deren Wert in der Perspektive von vielen auf nahezu null gemindert; am Rande des Feldes entstehen Premium-Produkte, die allenfalls Minderheiten
von Minderheiten adressieren.

Zu hören gibt es also ohne Ende: überall und immer,
zunehmend im entkörperlichten, dafür stark umwelt-
durchströmten Modus per Kopfhörer. Große Musik aus
winzigen Stöpseln. Bemerkenswert die Missverhältnisse,
wenn es darum geht, *was* gehört wird: Das Repertoire
wird kleiner. Und zugleich viel größer. Das Internet
wirkt einerseits als Filterblase – immer mehr vom Gleichen –, die Algorithmen zeigen uns, was wir schon gesehen haben. Zugleich wirkt das Netz als Treiber unendlicher Ausdifferenzierung: Wer sich nicht bloß für Alte
Musik interessiert, sondern, sagen wir, nur für französische Gambenmusik zwischen 1730 und 1740, wird diese
Inhalte finden, und überdies Gleichgesinnte, mit denen
er sich über seinen Lieblingsinhalt austauschen kann.
Facebook bewirbt sich als Plattform für Gruppenbildung
zu jedem nur denkbaren Aspekt, und der Austausch innerhalb von stark segregierten Communitys ist natürlich eine Gegentendenz zum beschriebenen Mainstrea-
ming: Da geht es sehr schnell in die Einzelheiten und
ins Entlegene. Wir behalten die Frage, wie mehr vom

Vielen zu vielen kommen könnte, im Hinterkopf. Erst aber müssen wir noch einmal die Augen aufmachen.

Digital Concert Halls: Videostreaming

Im Jahr 2008 wurde klassische Musik ein Thema der Streaming-Welt, sie wurde gleich doppelt sichtbar durch den Launch der *Digital Concert Hall* der Berliner Philharmoniker und der französischen Plattform *Medici.tv*. Beide Angebote gibt es immer noch, beide haben, nach etwa zehn Jahren Durststrecke, den wirtschaftlichen Break-even-Punkt geschafft. Das ist keine gloriose Durchbruchsgeschichte, allerdings wurde hier Pionierarbeit in einem noch gar nicht existierenden Markt geleistet.

Die Digital Concert Hall (DCH) nutzt den hohen Markenwert der Berliner Philharmoniker und der Berliner Philharmonie als Ort. Sie überträgt inzwischen etwa 40 Konzerte live, mit einer fest installierten Technik, immer *state of the art*. Darin lag von Anfang ein besonderer Ehrgeiz, dahinter stand ein erhebliches Entwicklungsbudget, unter anderem des philharmonischen Hauptsponsors Deutsche Bank. Was live zu sehen war, ist später in der Mediathek abrufbar, die zudem Dokumentationen und historisches Material enthält, Reichliches von Karajan, auch Abbado. Das erweitert den Horizont, und das ist gut so, denn auf Dauer sind selbst die Berliner Philharmoniker am immer gleichen Ort, in bekannten Einstellungen akkurat eingefangen, fürs Auge ein wenig ermüdend. Für das Ohr natürlich nicht, und an der DCH kann man gut studieren, was Live-streaming im Internet bedeuten kann. Hier ist der Aspekt der Gleichzeitigkeit von weit größerer Bedeutung als im Audiobereich: Live-Audio ist ja nicht viel anders als Radio. Video-Live-Streaming aber bietet, was das lineare Fernsehen eben nicht (mehr) bietet, das für Musik eher weniger und eher entlegene Sendeplätze findet und, bis auf sehr rare Ausnahmen, die aus Sicht öffentlich-rechtlicher Vorstellung von Perfektion die Unwägbarkeiten von echter Live-Gleichzeitigkeit scheut. Selbst ein in das Format einer TV-Show gegossenes Ereignis wie die jährliche Preisverleihung des »Opus Klassik« aus dem Berliner Konzerthaus wird mit Puffer zeitversetzt und fix bearbeitet gesendet; wenn dann, Ausgabe 2019, der zu ehrende Top-Meistersinger nicht in Top-Form ist, kann man das Preislied sogar noch mal wiederholen; hätte können, wenn die Harfenistin nicht schon Dienstschluss gehabt hätte. Das aber ist der Punkt und auch der Reiz einer echten Live-Übertragung: dabei zu sein, wenn Kunst entsteht, oder gelegentlich auch etwas nicht gelingt. Die in diesem Zusammenhang gern angezettelte Diskussion, ob ein Livestream das Erlebnis im Konzertsaal oder in der Oper ersetzen könne, sparen wir uns: natürlich nicht. Aber solche Aspekte der Spannung: Das Warten auf den Auftritt des Dirigenten – lässt er sich Zeit, ist er in Eile? Spielt der Pianist, die Geigerin eine Zugabe, was mag es gewesen sein? Wie reagiert das Publikum? Und zuerst und vor allem eben: Erlebt man eine Routineaufführung oder entsteht gerade etwas Besonderes, ja Außerordentliches? – All das kann sich auch auf dem Weg einer technischen Übertragung mitteilen. Natürlich macht es einen Unterschied, ob man das Ganze auf einem großen Bildschirm und über eine ordentliche Anlage, auf einem Tablet im Zug oder auf dem Smartphone irgendwo verfolgt. Natürlich gibt es da Einschränkungen; aber auch Gewinne: Eine Übertragung zeigt andere Perspektiven, zeigt den smarten Solo-Klarinettisten der Berliner Philharmoniker neben dem ebenso prominenten Solo-Oboisten, hinter dem prominenten Solo-Flötisten, aus der Nähe, man sieht, sofern das in der Musik geschieht, wie sie sich mit kurzen Blicken etwa über eine melodische Staffelweitergabe verständigen; man sieht, wo und wie die Qualität eines Spitzenorchesters entsteht. Man kann auch den Dirigenten, die Dirigentin von vorn sehen, wie sich die Musik mimisch spiegelt, wie subtil ein großer symphonischer Klangkörper mit Blicken und kleinen Gesten gelenkt wird. Wenn es gut gemacht ist, sieht man auf dem Bildschirm mehr. Man erfährt auch mehr, wenn Interviews mit den Künstlern die Pause mit Sinn füllen, und die ambitionierten philharmonischen Programmhefte gibt es in der DCH auch.

Der Franzose Hervé Boissière war ein Mann der alten großen Plattenindustrie, Manager bei Warner, dann machte er sich mit der Gründung eines eigenen Labels unabhängig; schließlich, und es war das gleiche Jahr 2008, in dem in Berlin die DCH begann, in einen unbekannten neuen Markt hineinzustreamen, tat er den nächsten Schritt. Er habe nur seine Arbeit weitermachen wollen, gab er zehn Jahre nach der Gründung von Medici TV dem Magazin Forbes zu Protokoll: »If you were to continue to connect artists and public and audience, the only way to do it is to change the format but not change the mission.« Diese Mission sieht er nicht nur im Brückenschlag zwischen einem sehr speziellen Publikum und den sehr speziellen Künstlern, zu denen er enge Kontakte pflegt, sondern auch in einem Demokratisierungseffekt, »which is extremely important for classical music because we always say it's a niche business or it's a small business. Then when you connect and when you aggregate all the legion communities all over the world and the end of the day, it's many, many people and it's a great, great community.«[44]

Great, great: Hier spricht ein Mann mit und aus Überzeugung. Er spricht über einen Nischenmarkt, der in der annähernd weltweiten Perspektive des WWW immerhin eine globale Nische besetzt. Jedenfalls genug mögliche zahlende Abonnenten, damit der Vertrieb von mehr als hundert Livestreamings im Jahr und eine Mediathek mit Konzerten, Opern und Dokumentationen nach zehn Jahren kein Verlustgeschäft mehr sein muss. Das ist der Stand der Dinge heute.

In Boissières Statement steckt aber auch einige Zukunftsmusik. Denn der Markt ist immer noch jung, eben weil der für klassische Musik so langsam ist. Für die Mehrheit der Liebhaber spielt sich ihr Thema in einem traditionellen Dreieck zwischen Konzert- und Opernaufführungen, Radio und Fernsehen, CD und DVD oder BluRay ab. Online-Streaming ist immer noch neu, die Wege zum Gegenstand sind andere, es spricht sich eher langsam herum, auch weil die Freunde von Konzert und Oper in der Regel weniger vernetzt sind. Und wenn die Interessierten das Angebot wenigstens kennen, fällt eine Entscheidung zum Abonnement eines Bezahldienstes immer noch schwer, was mit der gelernten Überzeugung vom Internet als Gratismedium zu tun hat. Aber auch damit, je nachdem, wie groß die Kulturangebote des jeweiligen öffentlich-rechtlichen Systems im Land sind; auch damit, dass immer noch eine Menge Videos klassischer Musik ohne Abo zu haben sind, mittlerweile auch komfortabel über die Mediatheken wie in Deutschland und Frankreich etwa *Arte Concert*.

Außerdem entdecken, neben den Plattformen, immer mehr Künstler, Orchester, Konzert- und Opernhäuser die Möglichkeit, ihren guten Inhalt im Netz direkt und meist kostenlos zu verbreiten, über YouTube, Facebook, auf der eigenen Website. Livestream und Mediathek-Archiv sind dann Marketinginstrumente oder sollen bei der Markenbildung helfen. Für bezahlte Dienste liegt in diesem *Boost* an Gratisangeboten durchaus ein Risiko, denn es vermehrt sich nicht nur der Inhalt, sondern auch die Menge an Mittelmäßigem, weil für ein aus sekundären Erwägungen (Marketing, Markenpflege) mehr oder weniger nebenbei betriebenes Streaming in der Regel Budget und Expertise zur Erreichung von Qualität fehlen. Es wird gemacht, weil alle es machen, aber oft halbherzig, oder mit gutem Willen, aber mangelnden Ressourcen. An der Vermehrung von Mittelmaß aber kann, wer sich für die Demokratisierung und breite Verfügbarmachung von als wertvoll erkannten Inhalten einsetzt, kein Interesse haben. Davon ist schon zu viel unterwegs. Wer, gerade als Einsteiger in ein neues Medium, einmal ein Produkt als minderwertig oder schlecht erlebt hat, ist für die gute Sache dahinter in der Regel verloren. Und wo steht überhaupt, dass relevante künstlerische Inhalte (Kunst, Musik) nichts kosten dürfen, wenn sie ein breiteres Publikum erreichen sollen?

Jenseits der Lagerfeuer

Zu den Transformationsthemen der digitalen Revolution gehören wesentlich die Aspekte Distribution und Produktion. »Smarte« Technik hat den Aufwand etwa zur Herstellung der Live-Übertragung eines symphonischen Konzerts deutlich reduziert. Es müssen sich nicht mehr Kolonnen von Sattelschleppern in Bewegung setzen, auch wenn die Fuhrparks der großen Sender noch voll davon sind. Statt mit schweren Pumpenkameras, hinter denen immer ein Mensch steht, kann man auch mit diskreten, womöglich ferngesteuerten Digitalmodellen arbeiten; und der Unterschied zwischen einer 700 000-Euro-Produktion, die das Abschiedskonzert eines wichtigen Dirigenten mit einem wichtigen Orchester in einem wichtigen Festspielhaus zeigt, und einer einen Bruchteil dieses Aufwands beanspruchenden »smarten« Produktion – ist noch sichtbar, aber nicht mehr sehr. Noch. HD-, noch höher auflösende 4K-, ja 8K-Technik ist heute für vergleichsweise wenig Geld zu haben – es kommt aber vor allem darauf an, wer sie zur Hand hat und worum es geht. Geht es darum, mit möglichst geringem Budget und ohne ästhetischen oder gar künstlerischen Ehrgeiz etwa ein durchschnittliches symphonisches Abonnementskonzert irgendwie abgebildet zu haben, mit dem einzigen Ziel, in der digitalen Welt irgendwie präsent zu sein, wird man sich über schwache Reichweiten kaum wundern müssen.

Aber auch ambitionierte, smart *und* gut gemachte Produktionen erfahren nicht selten eine nur geringe Resonanz. Das Angebot ist riesig und verstreut und eben oft gratis, weil es (womöglich unter der Behauptung von Demokratisierung) nicht mehr will, als einfach da zu sein. Bleibt die spannende Frage: Wird die für die Attraktivität der im WWW zu machenden ästhetischen Erfahrungen nötige Qualität unter den gegebenen ökonomischen Bedingungen erreicht werden? – Oder muss die schöne Möglichkeit, einem künstlerisch belangvollen Abend, bei dem ich keine Chance hätte, am Ort X dabei zu sein, zur gleichen Zeit, aber anderswo, zu folgen, in einem Meer des Mittelmäßigen versinken, weil kaum noch ein Inhalt sein Publikum finden kann und sich irgendwann auch der geringere Aufwand nicht mehr lohnt?

So viel zur Produktion. Auch die Distribution von Inhalten ist technisch einfacher geworden – was nicht zu verwechseln ist mit der gestiegenen Herausforderung, sein Publikum auch zu erreichen. Die Macht und der kommerzielle Erfolg der Sozialen Medien haben bekanntermaßen damit zu tun, dass die alten Lagerfeuer, an denen die Menschen sich in Mehrheiten versammelten, um sich ihre Lieblingsgeschichten erzählen zu lassen, erloschen sind: Die große Abendunterhaltung, vor der sich eine TV-Nation versammelte, ist Vergangenheit, so wie die Riesenauflagen der einst meinungsbildenden Zeitungen und Zeitschriften im Printbereich verweht sind. Massenwerbung, etwa im linearen Fernsehen, ist übersehbar geworden, und ein in unendliche Einzelpublika segregiertes Potenzial an Endkunden und Zielgruppen scheint eben am besten durch die auf den Analyseergebnissen ihres Internetverhaltens basierende Ansprache über die Sozialen Medien erreichbar zu sein. Mit der Umlenkung der Werbebudgets zu Facebook und Co sanken die hier früher üblichen Einnahmen der alten Akteure, Print und Fernsehen. Und wieder schließt sich ein Kreis.

Werden wir jetzt trübsinnig?

Nein.

TEIL III

Was geht? Aussichten ins Freie

»*Je weitreichender die Teleskope, desto größer wird die Zahl der Sterne sein. Sicher hat die Wissenschaft ihr Gutes. Aber für uns ist sie zu jung. Die ihren Nutzen haben müssen, werden erst unsere Erben sein. Denn mit Hilfe jener neuerlichen Entdeckungen wird es ihnen gegeben sein, das Gesicht unseres Jahrhunderts zu betrachten und das Geräusch zu hören, das unsere Generation macht.*«

MAURICE RENARD: DER MANN UND DIE MUSCHEL (1907)[1]

Pandoras letztes Geschenk

Es wird uns ja alles zu viel. 2019 fasst der Tübinger Medienwissenschaftler Guido Zurstiege die *Taktiken der Entnetzung* in einem Band zusammen, unterschrieben die »Sehnsucht nach Stille im digitalen Zeitalter«.[2] Man liest über Medienverzicht, digitale Diät, den drohenden digitalen Infarkt der Gesellschaft und das Recht auf kommunikative Selbstbestimmung. Zurstiege findet auch ein starkes Bild für die verbreitete Skepsis: »Die abgeklebte Webcam über dem Bildschirm des Smartphones oder des Notebooks ist geradezu das Sinnbild für eine Fülle von Taktiken des Widerstands, mit denen Mediennutzer sich selbst, aber auch anderen signalisieren, dass sie sich der permanenten Möglichkeit einer im Hintergrund laufenden verdeckten Beobachtung bewusst sind.«[3]

Keine Frage, die Ansichten all dessen, was inzwischen geht und möglich ist, und die Aussichten auf das, was alles noch möglich sein könnte, bieten jeden Grund zur Sorge. Das Digitale hat alle Lebensbereiche durchdrungen, längst nicht mehr als ein utopisch funkelndes Neues, sondern als eine Normalität, deren Potenziale oft bedrohlicher als verlockend wirken. Schon wird über die post-digitale Kultur nachgedacht, aber: »Das Präfix ›Post‹ ist nicht als eine Gegenbewegung zur Digitalität oder gar als eine Rückkehr in ein vordigitales Zeitalter zu verstehen. Was hier zu Ende geht, ist vielmehr die Phase der Digitalisierung der Gesellschaft, der digitalen Revolution, die geprägt war von der utopischen Fantasie, dass sich die Technologien von jeglicher materiellen Basis ablösen würden.«[4] Es mag einem der Gedanke an ein »Danach« also kurz durch den Kopf blitzen, aber daraus wird wohl nichts. Und auch die mit der Begriffsbildung der »Entnetzung« verbundenen Jenseits-Sehnsüchte sind jedem digital ermüdeten Einzelnen bestimmt zu lassen: Es trifft ja gerade die Sensibleren. Aber erinnern wir uns an das Schachbrett-Bild Andrew McAfees zur digitalen Dynamik. Womöglich ist das Digitale ein auf dem Grund von Pandoras Büchse bis zum Jahr 1990 verborgen gebliebenes Übel. Der griechische Mythos erzählt, dass Zeus Pandora als erste Frau aus Lehm erschaffen lässt, zur Plage der Menschheit (die bis dahin, man mag stau-

Zu spät: Dante Gabriel Rossettis »Pandora« (1878)

nen, nur aus Männern bestanden hatte), um sie gegen
Prometheus aufzubringen, der ihnen das Feuer gebracht
hatte. Er gibt der »Allbegabten«, so lässt sich ihr Name

übersetzen, ein Kästchen mit, in dem alles Unheil der Welt ist – und eine Warnung:

Nicht aufmachen! Aber das ist natürlich in den Wind gesprochen, wir Menschen sind nicht so. Und die Laster, Übel und Schrecklichkeiten, die da aus dem verlockend attraktiven Kästchen losgelassen sind, kriegen wir nicht wieder zurück. Keine Aussicht auf Entnetzung, wir bleiben verstrickt. Aber wir haben ja immerhin Feuer, das vernichtet und wärmt, und dann soll aus Pandoras Kästchen damals ja auch die Hoffnung freigelassen worden sein.

»Was geht?«, fragen sich junge Menschen zur Begrüßung. Und so wollen auch wir fragen, das kleine Album der enttäuschten Erwartungen und der Fälle digitaler Dummheit oder ja meist Halbgescheitheit aber im Hinterkopf behalten. Ent-Täuschung wäre ja, aufklärerisch gedacht, ein Schritt in die richtige Richtung.

Wir haben das Internet noch nicht verstanden, lautete die These, und sie enthält natürlich das Hoffnungsmoment, wir könnten es besser verstehen. Dass das so geschmeidig funktionierende Werkzeug der Verfügbarmachung und Verknüpfung von allem Möglichen, nach einer kurzen Phase der Menschheitsbeglückungsutopien und -euphorien, erst einmal allerhand Übel und Laster auswarf, ist wenig wunderlich, und wir müssen sie nicht alle noch einmal auftreten lassen. Man folge den Hinweisen der oben betrachteten kritischen Literatur.[5] Am Ende soll es hier nun um die Frage gehen, was geht, was ginge, wenn wir das Netz als Ort oder mindestens

Vermittlungsinstanz ästhetischer Erfahrung besser verstehen.

Plötzlich diese Übersicht

Wo uns alles zu viel wird, wird das Weniger wichtiger. Die Geschichte des »Long Boom in Everything«, wie nämlich eine immer höhere Produktivität, getrieben von Technik, die sie möglich machte, und Gier, die sie wollen wollte, zum Immermehr der Dinge und Daten führte, kann man sich von dem britischen Autor Michael Bhaskar[6] erzählen lassen. Sie endet in einem Zuviel, für das er sich seinerseits bei einem Trendforscher das Kunstwort »stuffocation« geliehen hat: Wir ersticken am Zeug. Das Zuviel macht Stress und krank, und längst weiß ja auch die seriöse Glücksforschung, dass es eine ziemlich genau bestimmbare Grenze gibt, ab der uns Überfluss unglücklich macht.[7] Hier setzt Bhaskars These an, die in einem klugen Management der Auswahl ein Geschäftsmodell der Zukunft sieht: »Curation is about how we build companies and economies built on less – more tailored, more appropriate – choice.«[8] Man kann das gut begründen: »In a world of too much data, having the right data is valuable. In a world where we don't have any time, choosing the right thing to do is valuable.«[9] So werden Expertise und Geschmack »new currencies«. Bhaskar erzählt auch die Geschichte des Begriffs, den er hier ins Zentrum seiner Überlegungen rückt. *Curation*, Kuratierung, von Lateinisch *curare*: Sorge tragen, hat seit der Antike mehrfach das Objekt dieser Sorge gewechselt, von der Beaufsichtigung öffentlicher Bauprojekte bei den Römern, den Prokuratoren als Steuereintreibern, ging der Begriff im Mittelalter auf die priesterliche Sorge für die Gemeinde über. Die neue Wissensgesellschaft des 18. Jahrhunderts ernennt die Kümmerer in den Museen, die jetzt die als wertvoll erkannten Dinge der Vergangenheit auswählen, bewahren, erforschen und arrangieren, zu Kuratoren. Im 20. Jahrhundert macht der Kurator als Ausstellungsmacher dann einen gewaltigen Karrieresprung, denn die Kunst der Moderne entwickelt sich in neuer Freiheit zu einem Spiel von Zusammenhängen und Zuschreibungen und verlegt sich aufs Konzept. Ist das ein Urinal, ist das Kunst? Es kommt auf den Ort an (Museum, nicht Bahnhofsklo), auf Kontexte (Surrealismus, andere Werke), auf Konzepte (was sagt der Künstler selbst dazu), auf die Inszenierung im Raum und als Teil einer kuratorischen (vom Kurator selbst hergeleiteten) Erzählung, die dieses Objekt in einen historischen Zusammenhang rückt, oder als Kultgegenstand der Kunst des 20. Jahrhunderts, als Fetisch, ironische Geste, was immer inszeniert. Eine machtvolle Instanz, auch insofern immer mehr durch die kuratorische Platzierung entschieden wird, was als Kunst gelten soll, und so ein erheblicher Einfluss auf die konkrete Wertbestimmung im Markt genommen wird. Bhaskar zielt, in Wortwahl und im Gang der Gedanken, erkennbar auf die Wirtschaft, aufs Geldverdienen, bedenkenlos gegenüber einer enormen Ausweitung des Begriffs, wie sie der New Yorker Ausstellungsmacher Jens Hoffmann in seinem kurzgefassten *(Curating) From*

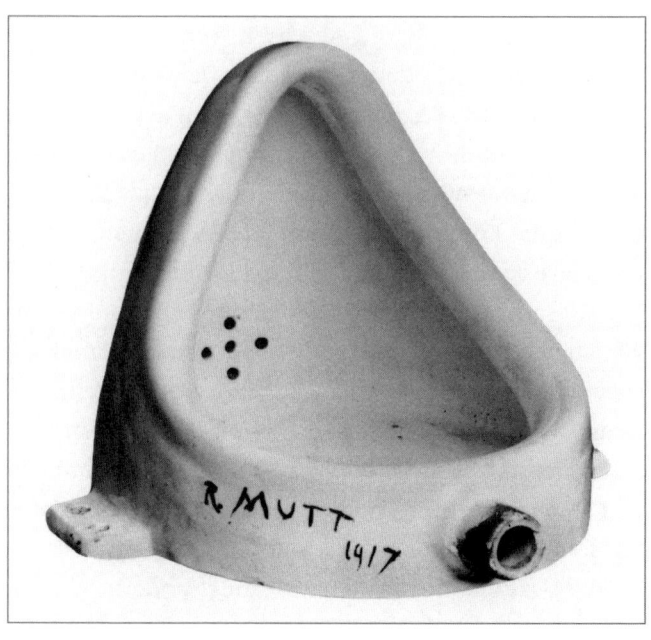

Ohne Einordnung nur Keramik: Marcel Duchamps »Fontaine« (1917)

A to Z so fasst: »Over the past decade or so, the word curating has increasingly been used to describe anything that involves choosing and ordering objects or media, from making a party playlist to the artful arrangement of furniture, and these new vernacular usages imply that the role might be less rigorous and more diffuse than it once was.«[10] Für Hoffmann ist der Schweizer Kurator Hans Ulrich Obrist (nach seinem Landsmann Harald Szeemann) das Mastermind der Szene – der sich seinerseits, verständlicherweise, für mehr Genauigkeit in der Wortwahl ausspricht: »Die zeitgenössische Entwicklung läuft […] Gefahr, eine Art spekulativer Blase zu erzeugen, was den Stellenwert der Idee des Kuratierens angeht. Dem sollte entgegengewirkt werden. An dieser Stelle will ich über das Kuratieren als Beruf mit einer spezifischen Geschichte sprechen und Momente in dieser Geschichte des Kuratierens und Ausstellungsmachens als Werkzeugkasten für die Zukunft vor Augen führen.«[11] Obrist versah den Titel seiner 2015 erschienenen Mosaiksteine einer Berufsbeschreibung mit einem frohgemuten Ausrufezeichen: *Kuratieren!*. Wir wollen dies, trotz der Warnung vor einem inflationären Gebrauch des Wortes, als Auftrag nehmen, denn Obrists Theorie und Praxis des Kuratierens soll auf seine inspirierenden Wirkungen für den Umgang mit Kunst und ästhetischer Erfahrung in den Neulandzonen des Digitalen befragt werden.

»Man könnte das Kuratieren als den Versuch einer Art kulturellen Befruchtung oder als eine Form der Kartographie bezeichnen, die neue Wege durch eine Stadt, eine Kultur oder eine Welt eröffnet«, so Obrist programmatisch.[12] – Der Kurator vermisst also nicht nur das Terrain, er ist auch Stifter von Begegnungen: »Aufgabe des Kuratierens ist es, Verbindungen zu schaffen, dafür zu sorgen, dass verschiedene Elemente miteinander in Berührung kommen, selbst wenn es bisweilen schwierig ist, die Wirkung solcher Gegenüberstellungen exakt nachzuzeichnen.«[13] Gegen die Titulierung als Mastermind würde Obrist wohl Bedenken anmelden: »In den 1980er Jahren liefen viele Ausstellungen Gefahr, [dass] der Kurator als übermächtige Figur oder auteur angesehen wurde, der sich der Kunstwerke bedient, um seine eigene Theorie zu veranschaulichen. Künstler und ihre Werke sind nicht dazu da, den Vorstellungen oder Prämissen eines Kurators untergeordnet zu werden. Stattdessen entwickeln sich Ausstellungen am besten durch Gespräche und die Zusammenarbeit mit Künstlern.«[14] Kuratierung besitzt also eine mäeutisch-hebammenhafte Funktion in einem komplexen Kommunikationsprozess.

Die Frage nach einer ambitionierter gedachten Rolle des Kurators als »Autor« wird durchaus kontrovers diskutiert;[15] doch Statuserwägungen dieser Art spielen in unserem Zusammenhang eher keine Rolle. Wir bekunden aber Sympathie mit Obrists Idee eines, wenn man so will »postheroischen« Kuratorentums, auch mit seiner Warnung vor einer Verwechslung von Kurator und Künstler – obwohl sich die Sphären, wo es etwa um die Anordnung und das Arrangement von Objekten geht, um die Schaffung neuer Kontexte, fraglos berühren. Vielleicht lässt es sich so fassen: Das kuratorische Handeln muss größere, über das Einzelwerk hinausgehende Zusammenhänge in den Blick nehmen, der Künstler wird sich strenger fokussieren. Auf Seite des Kurators, der Kuratorin werden Aspekte der Reflexion, der Forschung, des Wissens, der Kontextualisierungen und kommunikative Kompetenzen (das Gespräch mit den Künstlern, aber auch, in vielfacher Hinsicht, mit dem Publikum und den Medien) in anderer Hinsicht von Bedeutung sein als im kreativen Prozess. Jens Hoffmann versteht ihn als »storyteller« mit der besonderen Fähigkeit zu emotionaler und intellektueller Stimulation: »Exhibitions can give new intellectual frameworks within which to think about the things we sense. Their particular brand of criticality is

Lustig, nicht blöd. Figuren aus »Plötzlich diese Übersicht«,
Fischli und Weiss auf der Biennale 2013

one that is both cerebral and visceral, but ideally never
sways too far in either direction. The role of the curator
is to establish this balance.«[16]

Der Kurator als *Storyteller* erzählt nicht nur die Geschichte der Dinge, sondern auch seine eigene. Hans Ulrich Obrist berichtet auch von ein paar für seine Berufs-
und Berufungsfindung wichtigen Schlüsselerlebnissen.
Dazu gehört prominent die Entdeckung des und die Begegnung mit dem Schweizer Künstlerduo Peter Fischli
und David Weiss. 1985 stellte die Zürcher Kunsthalle Bilder einer Serie von Tonskulpturen aus. »Die Werke zeig-
ten sowohl die verheißungsvollen als auch die zutiefst
unglückseligen Momente der Menschheitsgeschichte
auf die gleiche respektlose Weise. In ihnen manifestierte
sich ein Impuls, menschliche Szenarien zu erkunden, zu
kartographieren und zu sammeln, und zwar in einer Mi-

schung aus großem Anspruch und Miniaturmaßstab.«[17] –
Wieder die Faszination des Kartografischen. Und Fischli
und Weiss hatten für dieses Projekt einen guten Titel
gefunden: *Plötzlich diese Übersicht*.

Kuratieren! im Netz

Wie man Obrist wird: Dem Master-Kurator Obrist über
die Schulter zu schauen, kann helfen, Kriterien guter
Kuratierung zu finden, die auch jenseits des analogen
Ausstellungswesens von Belang sind. Denn das Internet
hat uns alle ein wenig zu Kuratoren gemacht: »The web
was forcing us to act like traditional curators, thinking
through the selecting, arrangement, explanation and
display of information and other media. [...] If the web
made us all creators and publishers, it also made us
curators.«[18] Von hochspezialisiert professioneller *art curation* zu jedermanns *content curation*: Wir können ja gar
nicht anders, selbst unser Mastermind sieht »Kuratieren durch das Netz demokratisiert, sodass in gewissem
Sinne jeder kuratiert«[19] Dies nicht nur im Sinne unaus-
weichlichen Zwangs zur Wahl und zum Arrangement,
sondern auch schon in alltäglichen und niederschwelli-
gen Formen des Umgangs damit: Das Zusammenstellen
einer Playlist für Freunde, für eine Party ist bereits ein
niederschwelliger Akt des Kuratierens; das Teilen von
Bildern bei Instagram, das Kommentieren, Verfremden,
Kontextualisieren von Inhalten in sozialen Medien, bis
zur übergangslosen Rekombination von Inhalten im

Mash-up lassen sich, mehr oder weniger, als Akte des digitalen Kuratierens beschreiben.

Man soll das allerdings nicht überschätzen; die permanenten Berichte über den eigenen Standort und das eben oder gleichzeitig Erlebte etwa haben keineswegs zu einer wahrnehmbar verfeinerten Literarizität innerhalb dieser Communitys der unentwegten Mitteilsamkeit geführt. Dennoch lässt sich im weiten Handlungsfeld des Kuratierens im Netz ein wesentliches Potenzial für Inhalte auch jenseits von Katzenbabybildern, Selbstfeier und Pornografie erkennen – und sogar für diese. Das Internet ist eine der Kuratierung grundsätzlich bedürftige Sphäre, sie verlangt nach über Alltagserfahrungen hinausgehende Expertise, die ihrerseits von Erfahrungen in der digitalen Welt profitieren kann. So schließt auch Hans Ulrich Obrists Buch, das mit Fischli und Weiss' Tonskulpturen begonnen hatte, mit einem Willkommen für die Digital Natives als künftige Kollegen: »Diese Generation ist in einer vollkommen neuen Welt aufgewachsen. Von ihr zu lernen, heißt, möglicherweise, etwas über unsere Zukunft zu lernen.«[20] Umgekehrt aber auch, möchte man anfügen: Denn ebenso wäre etwas von denen zu lernen, die die vor-digitale Welt noch erlebt haben. Auch für das, was noch kommt.

Zu lernen wäre nun von den Experten des Kuratierens im engeren Sinne, wie diese »Pflege« von Gegenständen und Inhalten eine für die Möglichkeit und Qualität ästhetischer Erfahrung im Netz wesentliche Chance sein kann. Erinnern wir uns an die eher deprimierenden Eindrücke bei Betrachtung von Spotifys Playlisten: Das

könnte ja auch mit Verstand, auch jenseits der Auswahl-
logik der gnadenlos kleinsten gemeinsamen Nenner
geschehen. Kuratierung nichttrivialer Inhalte im Netz
bedeutet: Auswahl von Qualität aus einer Überfülle des
Mittelmäßigen, womöglich weitere Reduktion und Zuspitzung der unendlichen Optionen auf eine konkrete
Empfehlung. Außerdem eine kluge Kontextualisierung:
Bereitstellung von Informationen, hierarchisiert nach
ihrem Wert für die Erschließung des Gegenstands. Die
Digitale Sammlung des Städel Museums gibt einen Geschmack auf das, was hier möglich ist, es ist aber nur
ein Vor-Geschmack, denn die »smarte«, intelligente Verbindung eines Inhalts mit weiteren Inhalten muss ja mit
dem eigenen Portfolio nicht enden. Die Erschließung
des »Eigenen« ginge zusammen mit der Verfügbarmachung nun aber nicht alles virtuell Verfügbaren – was
zu einer neuen Überforderung führen würde –, sondern
mit der Beschränkung auf das tatsächlich Hilfreiche.

Kuratierung im Netz bedeutet die planvolle und intelligente Nutzung seiner Verlinkungslogik. An der enzy-
klopädischen Netzstruktur von Wikipedia wird evident,
wie effektiv sich ein Sach- oder Wissensfeld erschließt,
wenn beinah jede Information, die mir fehlt, um einen Zusammenhang zu verstehen, ohne Zeitverzug zu
haben ist. Für Gegenstände der Kunst gelten ähnliche,
aber auch andere Prinzipien. Worauf der Meister-Kura-
tor deutete: Stiftung von Begegnungen, »selbst wenn
es bisweilen schwierig ist, die Wirkung solcher Gegenüberstellungen exakt nachzuzeichnen«. Es ist wie die
Begegnung unter Menschen: Sie kann gutgehen und im

Austausch mit einer anderen die eigene Welt größer machen – oder auch nicht.

Als Qualitätskriterium guter Kuratierung ließe sich auch ein Vertrauen in die Kraft der Assoziation bestimmen. Kunstwerke sprechen auf subtile Weise untereinander, es sprechen ja vielleicht auch Musikstücke mit Bildern oder Gedichten. Ein Beispiel, weniger kreativ gedacht: Zum kuratorischen Schaffen eines erweiterten Zusammenhangs könnte, im Fall von Liszts epochaler h-Moll-Sonate, auch der Hinweis auf einen Aufsatz zur Entwicklung des Klavierbaus in der ersten Hälfte des 19. Jahrhunderts gehören, der darlegt, wie solche Musik erst möglich geworden war durch größere Instrumente mit Stahlrahmen und geläufigere Mechanik. Es wäre also eine historische, technikgeschichtliche Information, die einen interessanten Hintergrund beleuchtet, und mehr: Man wird auch ein wenig anders hören.

Gute Kuratierung wird sich aber nicht aufdrängen mit didaktischen Nutzenversprechen, sondern diskret anregen, Mögliches zeigen und bereithalten. Um Obrists Lieblingsmetapher von der Kartografie aufzunehmen: Ein Einzelding in einem größeren topografischen Bild zu verorten, schafft, »plötzlich Übersicht«, Perspektiven und Sichtachsen auf anderes, Neues, Unvermutetes. Der Kurator als Kartograf vermag aber noch mehr. Denn *wie* er seine Karte anlegt, kann ja sehr unterschiedlich sein, sie darf sogar, anders als die ministeriell abgesegnete Darstellung im Schulatlas, eine eigene Handschrift zeigen – die Karte ist schließlich nicht die Landschaft (Alfred Korzybski[21]). Welchen Wegen ich darin folge, wird davon abhängen, ob meine Neugier angeregt wurde, eine Nützlichkeit erkennbar ist oder ein Erkenntnisgewinn in Aussicht steht. Der kluge Kurator, die kluge Kuratorin versteht es, gern im Geiste des Postheroismus, weil vor allem dem guten Inhalt und nicht zuerst der eigenen Profilierung zugewandt, solche Impulse mit einer Vorschau auf Belohnungen zu setzen: Mehrwert, Nutzen, Lust. Dafür gibt es ein paar Regeln (es sind im Grunde die guter Vermittlung), aber keine Patentrezepte. Vielleicht nur diese Faustregel: dass Kunstwerke, als komplexe Gegenstände, nicht nach einem Schema X zu vermitteln sind, sondern dass die Strategien ihrer Vermittlung nur aus der Einzigartigkeit ihres So-und-nicht-anders-Seins abzuleiten sind. Der Kurator im Netz ist kein Held, womöglich aber doch ein wenig ein Künstler.

Jedenfalls einstweilen keine Künstliche Intelligenz. Denn nicht nur die Erfassung der als relevant zu erkennenden Aspekte eines Inhalts (also etwa die ikonografische Analyse von Gemälden oder das für eine sinnvolle, an relevanten Bezügen orientierte Verlinkungsstrategie nötige Verständnis eines Musikstücks, eines Films, eines literarischen Textes) überschreitet bisher die Berechnungsverfahren der Algorithmen. Erst recht, wenn es um assoziative oder sachbezogene Pfiffigkeit geht – die Herstellung eines Zusammenhangs von Liszts Musik mit der Geschichte des Klavierbaus –, das gehört, meinetwegen einstweilen, in den Bezirk menschlicher Intelligenz: Je weiter der Sprung von einem Gegenstand zum anderen ist, je luftiger das Netz der Vernetzungen, umso stärker wird sich die Spielfreude des menschlichen Verstandes durchsetzen. Dazu braucht es Leute, gute Leute, mit Wissen und Einfallsreichtum. MI vor KI.

Götterdämmerung für Gatekeeper?

Es bleibt eine spannende Frage, welche Rolle die großen Filter-, Vermittlungs- und Verwertungsinstanzen – die Verlage, Plattenfirmen, traditionellen Medien – in der doch wohl unerbittlich weiterrollenden digitalen Revolution spielen werden. Wird Amazon die Arbeit der Verlage einfach mitübernehmen, werden die einstigen *Majors* der Musikindustrie zu *Content Departements* bei Apple Music und Spotify, so wie Netflix das System Hollywood alt aussehen lässt? Hier scheint alles möglich, und dass es weitergeht, wie es war, ist die unwahrscheinlichste aller Möglichkeiten. Wahrscheinlich aber ist, dass eine weitergehende Wert-Bestimmung und -Schöpfung, die in der Auswahl und Kontextualisierung dessen geschieht, was ich überhaupt zu sehen bekomme, jenseits der wesentlich von Geschäftsinteressen bestimmten, weiterhin wirkenden Algorithmen erfolgen wird, in einem Zusammenspiel von kuratorischen und partizipativen Einflussgrößen. Das Feld des Partizipativen reicht von Kundenrezensionen über Sternchen- oder Herzchenvergeben und viral sich verbreitende Empfehlungen von Fan, bis zu zuweilen durchaus ernstzunehmenden Foren, Chats und Kommentierungen. Das Feld der professionellen Kuration liegt dagegen dem alten Gatekeeperwesen nicht ganz fern, und man sollte, im Sinne des guten Inhalts, hoffen, dass diejenigen, die wesentlich bestimmen, was im Netz hängenbleibt, ihre Arbeit gut machen, nämlich kundig in der Sache wie in den Formen.

Es ist ja heute schon beinah jeder erdenkliche Inhalt irgendwo im digitalen Paralleluniversum da. Die Ergebnisse der Suchmaschinen liefern einerseits eine nicht mehr überschaubare Menge an Treffern, die zumal zum größeren Teil klar irrelevant oder redundant sind, auf den ersten Seiten aber, die noch angesehen werden, erscheinen andererseits die Resultate der algorithmischen Berechnung, in die auch inhaltlich relevante Faktoren wie Häufigkeit des gesuchten Begriffs oder die Beliebtheit eines Links einfließen, aber auch das, was im Page Ranking nach oben sortiert wird und was als Inhalt mit dem einzigen Zweck generiert wurde, im Rahmen einer Suchmaschinenoptimierung (Search Engine Optimization) genau hier zu landen. SEO ist die Antwort auf die Verfeinerung der Algorithmen, und beide werden immer schlauer. Der Aufwand, der hier, für Nutzerin und Nutzer unsichtbar, getrieben wird, zielt auf die Aufmerksamkeit als ökonomischer Schlüsselgröße, zuungunsten natürlich solcher Inhalte, die vielleicht von größerem Wert sein mögen, aber unoptimiert und downgerankt im Ozean von allem herumschweben. An die Begrenzung der Welt, wie sie uns Google zeigt, die Filterblase, haben wir uns schon gewöhnt. Aber vielleicht zeigt dieser Blick auf die zunehmende Irrelevanz der Suchergebnislisten (wegen schierer Menge eben keine Übersicht mehr; jede inhaltliche Verfeinerung wird mit ihrerseits verfeinerter SEO im Sinne kommerzieller Interessen neutralisiert) ja das Ende von etwas an; nicht das Ende der Suchmaschinen, aber vielleicht den Verlust des Monopols der Sortier- und Filterfunktionen, die immer bedeutsamer werden, aber für nichttriviale Interessen kaum mehr zufriedenstellende Resultate liefern können. Wenn die Ergebnisse der noch wahrnehmbaren ersten Trefferlisten überwiegend SEO-Inhalte verdeckter oder gleich auch so annoncierter Werbung zeigen, wird zumindest der Bedarf nach etwas anderem spürbar. Google wird darauf reagieren, vielleicht werden andere Suchmaschinen wichtiger, das wird man sehen. Fraglos aber wird es, wo es um differenziertere Inhalte geht, neue, im weiteren oder engeren Sinne kuratierende Angebote geben für die Bedürfnisse nach verfeinerter Filterung, nach Orientierung, nach der Wand der Wunderkammer. Die Wunderkammer zeigt die Welt als Sammlung des Unerhörten aller Art, aber in einem begrenzten Rahmen. Die Grenze definiert durch den Ausschluss von allem, was jenseits liegt, was unsere Aufmerksamkeit hier nicht erfordert und vom Druck der Überfülle entlastet.

Neben dem Kampf um die Berechnungsformeln der Rankings sehen wir den Kampf um die Plattformen, die künftig die Welt nach Themen ordnen werden. Der einzelne Content, sogar die von größeren Institutionen angebotenen Inhalte, werden kaum mehr als eine Zufallschance auf Wahrnehmbarkeit haben. Noch einmal die (klassische) Musik als Beispiel: Es macht für eine einzelne Plattenfirma, ein einzelnes Opern- oder Konzerthaus, ein Orchester – und seien es die Berliner Philharmoniker –, gar eine einzelne Künstlerin – und sei

Gatekeeper der alten Schule: Wagners Wotan, seinen Siegfried erwartend

es die Geigerin Julia Fischer[22] (oder der oben erwähnte Klassiker Neil Young) – keinen Sinn, sich digital solitär zu vermarkten. Wer sich für das Thema klassische Musik interessiert, wird kaum nur an diesen oder jenen Philharmonikern, an dieser oder jener Geigerin Interesse haben. Und wenn für den Inhalt gezahlt werden soll: Wie viele Abonnements wird ein Aficionado der Klassik abschließen, um dann alle seine Premiumseiten nacheinander nach guten Neuigkeiten durchsehen zu müssen? Die Entwicklungsdynamik läuft mit einiger Logik auf thematische Plattformen und Portale hinaus – die allerdings früher oder später vor der gleichen Notwendigkeit stehen werden, die Überfülle ihrer Content-Angebote zu parzellieren. Je größer das Angebot, desto dringender die Frage: Was soll ich hören, was anschau-

Er will da rein, am Gatekeeper und Papst vorbei: Der Regisseur Christoph Schlingensief bei der Vernehmung im Redaktionsbüro des Musikkritikers Joachim Kaiser, 2004

en, womit mich beschäftigen? Und genügen mir, sofern ich davon bewegt bin, ästhetische Erfahrungen zu machen (was wir ja voraussetzen), Empfehlungslisten, die nicht mehr sind als Instrumente des Marketings, bloße Hitparaden des schon Populären, die Berechnung eines geschmacklichen Mittelmaßes, wenn es um Kunst geht?

Es schlägt die Stunde der Kuratorinnen und Kuratoren.

Die Frage nach der Qualität ästhetischer Erfahrungen im Netz ist, das soll nicht vergessen werden, fundamental eine der Verfügbarkeit und technischen Qualität; pixelige Videos will niemand sehen, sofern es nicht um historisches Material geht. Gehen wir davon nun aus, dass diese Themen mehr oder weniger erledigt sind: Es ist fast alles und in guter Auflösung vorhanden und streamfähig sogar mobil zu haben. In einer zweiten Stufe zielt die Frage nach der Qualität auf die der Plattformen, ihrer Struktur und Architektur, auf die Integration smarter Suchfunktionen und so weiter. Drittens aber, und hier beginnt dann fast schon die Zukunftsmusik: auf die Exzellenz der Kuratorinnen und Kuratoren. Sie können nur Übersicht geben, sofern sie selbst eine haben; Wissen sortieren, das vorhanden ist; auf Qualitäten neugierig machen, die sie selbst erfahren haben; Zusammenhänge sehen, Assoziationen entwickeln, geheime Verbindungen und *hidden values*[23] offenlegen oder auch nur andeuten, für die sie selbst einen Blick haben. Diese Instanz ist ein Mensch, keine Maschine oder KI. Möglicherweise Autor, Autorin, in einem notwendigen Maß aber jedenfalls Autorität. Autorität entsteht in einem vielschichtigen Prozess: auf Seiten der potenziellen Autorität durch inhaltliche (Wissen) und performative (Auftreten) Qualitäten; auf Seiten des Publikums durch Erfahrung, womöglich Gewohnheit (man hat eine Vorstellung von der Wissensfülle und den Geschmackspräferenzen gewonnen aus Erfahrungen, die man wie auch immer mit der Person verbindet); ferner durch Zuschreibung, weil Menschen, deren Urteil ich ernst nehme, jemanden als Autorität anerkennen, im äußersten Fall als Kritiker-Papst oder -Päpstin. An die Stelle des Gatekeeper-Papsttums sind postheroische Kuratoren getreten, mehr Mittler als Wächter, mehr *Companions* als Vorschreiber, aber ohne Autoritäts-Vorschuss gehen ihre Anregungen ins Leere.

Deshalb braucht es, als weitere Gegenkraft zur medientypischen Flüchtigkeit, ein gewisses Maß an Konstanz – kuratorische Pflege damit nicht nur des Inhalts, sondern auch der Beziehungen. Wer einmal als Abonnent eine Zeitung las, hatte eine Vorstellung von und Beziehung zu den Redakteurinnen und Redakteuren, gewonnen über längere Zeit. So eine Vertrauensbasis braucht es auch im Netz, dafür ist etwas Zeit nötig, die Etablierung von Gewohnheiten, Sichtbarkeit und ein Profil, bestenfalls eine »Handschrift«: Gegen die falsche Objektivität der Algorithmen hilft nur die aufrichtige, ihre Kriterien offenlegende Subjektivität einer kuratorischen Instanz, die zu mir und meinen Interessen passt und die mich zum Erlebnis des (für mich) Richtigen führt.

Die herausragende Bedeutung von Kuratierung und Kuratoren ergibt sich, so die These, notwendig aus den beobachteten Transformationsprozessen. Sie ist auch, im Sinne des guten Inhalts, wünschenswert. Ein paar Kriterien für Qualität von Kuratierung verdienen, wiederholt zu werden: Sie erfüllt eine buchstäblich entscheidende Funktion, wenn sie den kuratierten Gegenstand auf angemessene Weise erschließt, verständig in der Sache, einfallsreich in den Formen; wenn sie eine differenzierende Wahrnehmung anregt, neugierig macht auf mehr, unvermutete Perspektiven öffnet. Und das glaubwürdig. Wo vor allem eigene Inhalte verkauft werden sollen, leidet die Glaubwürdigkeit. Wir müssen also als weiteres Qualitätskriterium ergänzen: Unabhängigkeit. Es gibt sie nie in Reinform, wir leben in einer nichtperfekten Welt, doch wer auswählt, soll der Sache verpflichtet sein, seinem Interesse, nicht wirtschaftlichen Interessen. Die

Arbeit an der Durchsichtigmachung der eigenen Position gehört dazu; nicht im Sinne umständlicher Präambeln oder Fußnoten, sondern elegant, im kuratorischen Diskurs selbst.

Wenn wir nicht im Mittelmaß ertrinken wollen, tut kluge Kuratierung not. Wer vom Mittelmaß redet, behauptet Exzellenz, einen Unterschied also, was Machart und Anspruch des Gegenstands betrifft. Wo Machart und Anspruch eines Kunstwerks höher zielen als auf die Bestätigung des Bestehenden, die Befriedigung – legitimer! – Bedürfnisse nach Unterhaltung und Affirmation, da verdichtet die Kunst ihre Mittel und erprobt die Möglichkeiten des noch nicht Dagewesenen. Beethoven: »Allein Freyheit, weiter gehn ist in der Kunstwelt, wie in der gantzen grossen Schöpfung, Zweck.«[24] Obrist: Kunst ist »das, was die Definition erweitert«.[25] Wo die ästhetische Erfahrung aufs Neue zielt, auf eine andere Beleuchtung des Definierten, ist sie häufig (nicht notwendig immer) komplex. Ihre Komplexität steht der einfachen Vermittlung im Weg.[26] Deshalb wäre es schön, die Kuratorin, den Kurator der ästhetischen Erfahrung im Netz als Agenten einer gesteigerten Komplexitätstoleranz zu sehen, gewandt in der Kunst, das Komplexe nicht vor allem als schwer vermittelbar und also als Problem im Vermittlungsprozess zu behandeln, sondern als Lust, als Option auf Mehr, Weitergehen, Erweiterung. Freude am anderen, nicht Furcht davor. Das Netz ist nicht nur für Unsinn aller Art, sondern auch für diese Haltung der Furchtlosigkeit vor Komplexität ein besonders geeigneter Ort.

Zukunftsmusik

Vielleicht unterliegen die »Apostel der Entnetzung«[27] und Entschleunigung, die Anhänger digitaler Fastenkuren strenger Observanz einem Missverständnis des Mediums. Vielleicht haben wir den uns und der Sache zuträglichen Umgang mit den Möglichkeiten des Internets noch nicht erkannt und geübt, überrollt von der Fülle der Optionen. Man verwechsele aber nicht das Werkzeug und dessen Gebrauch: Die Entdeckung der Langsamkeit ist auch in der Nanosekunden-Sphäre der digitalen Kultur durchaus möglich. Dass mir, wie am Beispiel der Verlinkungsdidaktik von Wikipedia gezeigt, annähernd sofort Informationen zur Verfügung stehen, für die ich früher Wege zu den Orten ihrer Verfügbarkeit zurücklegen musste, zu Bibliotheken etwa, dann deren Systematik verstehen und schließlich das Glück haben musste, das Gesuchte zu finden, oder Pech hatte, weil der genau für mich interessante Band nicht am Standort war: schlecht für die Bewegung, gut, weil man mit der gewonnenen Zeit und der weitgehenden Ortsunabhängigkeit, die einem heute die digitale Beschleunigung ermöglicht, auch etwas anderes anfangen kann – zum Beispiel spazieren gehen. Oder entspannt eine der herrlichen Bibliotheken aufsuchen, die natürlich, so digital sie sich gerade neu erfinden, als analoge Räume des Wissens und Lernens eine fundamental wichtige Funktion erfüllen, auch weiterhin. Dass der 2013 neu gewählte Intendant der nach der BBC größten öffentlich-rechtlichen Rundfunkanstalt als eine seiner ersten Amtshandlungen die exzellente Bibliothek des WDR abschaffte, mit der Begründung, dass ja nun alles digital viel schneller abrufbar sei und man den Platz besser nutzen wolle, den die vielen Bücher einnähmen, war nichts weniger als ein Akt der Barbarei. Man meint, dessen Folgen dem Programm anzumerken, aber dafür gibt es bestimmt mehr als nur einen Grund.

Statt aber, wie nicht selten, das Internet als notorisches Oberflächenmedium zu beargwöhnen, im größeren Bild die ganze Digitalisierung für Teufelswerk zu halten, zielt die hier gewählte Perspektive auf die klügere Nutzung seiner Potenziale. Zu den Effekten der schnellen Verfügbarkeit könnte ja gehören, vor dem deutlich vermehrten Input nicht aus Überforderung in Deckung zu gehen, sondern daraus eine Anregung zu gesteigerter Geistesgegenwart zu empfangen. Tatsächlich müssen wir wohl ein anderes, auf spezifische Weise schnelles Denken lernen, eine Intuition entwickeln für die Wahl des passenden, weiterführenden, vertiefenden Inhalts. Der Psychologe Daniel Kahneman hat das komplexe Nebeneinander unserer geistigen Aktivitäten auf eine kurze Formel gebracht: *Schnelles Denken, langsames Denken.*[28] »Schnell« meint hier das emotional bestimmte, automatisch unbewusste und kaum ausschaltbare Programm, das für Entscheidungen der Auswahl eine weit größere Rolle spielt, als wir glauben, überzeugt von der Rationalität unserer Entscheidungen. »Langsam« und anstrengend ist dagegen das bewusst systematische Denken. Das Internet mit seinen unendlichen Optionen stellt zweifellos enorme Anforderungen an unser rezeptives Vermögen. Die Pointe läge aber nicht in einer

Polarisierung, die das Internet mit seiner Köder- und Häppchen-Kultur als Teil des in Kahnemans Verständnis schnellen Denkens, dem Lesen eines Buchs, dem Abspielen einer Schallplatte als Repräsentanten des langsamen Denkens entgegenstellt. Kann man nicht vielmehr das produktive Zusammenspiel von »schnell« und »langsam« erstens verstehen und zweitens trainieren, damit wir einerseits nicht im Meer der Möglichkeiten untergehen, andererseits aber die neuen, ungeahnten Chancen vertiefter und vertiefender Wahrnehmung erkennen und, ohne Angst vor Überforderung, erkunden?

Ein Beispiel zur Musik: Die Auffindbarkeit und schnelle Verfügbarkeit etwa von Musik aus hundert Jahren Aufnahmegeschichte eröffnet so noch nie gegebene Möglichkeiten vergleichenden Hörens, eine Schule der differenzierenden Wahrnehmung, die erlaubt, die Einschätzungen etwa von Experten und Kritikern mit dem eigenen Befund sehr direkt und einfach abzugleichen. Und die deren Urteile und Kriterien, nebenbei, auf eine sehr gesunde Art nachprüfbar macht. Ein Beispiel zur Kunst: Der Zugriff auf sachverständig kuratierte Bestände der in den Museen der Welt gesammelten Kunst vermag den Blick nicht nur zu erweitern, sondern auch zu schärfen für das sprechende Detail, er hilft, neue Fragen zu finden, neue Antworten zu erproben. Ein Beispiel zu den darstellenden Künsten: Einen Eindruck von international wichtigen Inszenierungen von Schauspiel und Musiktheater und Ballett zu bekommen, ohne Vielfliegerstatus und ohne großes Budget, wird Horizonte erweitern und Vergleiche ermöglichen. Ob einem eine *Carmen* im konventionell-repräsentativen Stil der MET oder als europäisches Regietheater aus Frankfurt oder Lyon mehr zu erzählen hat, oder was ein Ballettwunder in Düsseldorf oder Zürich ausmacht: Die WW-Weltbühne wird es zeigen, und sie wird damit das Live-Erlebnis eben nicht entwerten. Sehr wohl aber den Appetit auf mehr und den Anspruch auf Qualität stimulieren. Noch ein Beispiel zur Literatur: Langsames Lesen wird ein Fall fürs gedruckte Buch bleiben, aber der Weg dahin kann durchaus durch die Bildschirme von Smartphones und Tablets führen, wie Alice durch den Spiegel ins Wunderland gelangt. So wie das zunehmende Interesse an Lesungen, an der literarischen Performance ein Fall für die auch digitale Verbreitung ist. Zeitungen und Magazine liest man ohnehin besser, schneller und ressourcenschonend papierlos digital.

Vier Beispiele, und wenig spricht dagegen, sich allerhand Hybridformen auszudenken, die die Künste miteinander ins Gespräch bringen, oder sich das Internet als Bühne digitaler Künste und Formen vorzustellen, von denen wir noch nichts wissen, aber eine Ahnung bekommen, wenn uns, eine Virtual-Reality-Brille auf der Nase, schwindelt, gefühlt 20 000 Meilen unter dem Meer oder verloren im All irgendwo zwischen Mars und Jupiter oder auch mitten in der Streichergruppe der Wiener Philharmoniker in einer Mahler-Symphonie. Lasse ich mir, wenn ich schon selbst nicht Klavierspielen kann, den Soloabend von Lang Lang am anderen Ende der Welt zeitgleich auf meinen Selbstspiel-Flügel Steinway-*Spirio* in mein Wohnzimmer übertragen?[29] Werde ich im achtzehnten und bestimmt allerletzten Teil der *Star Wars*-Saga selbst mit im Millennium-Falken sitzen und durch einen Schwarm von Kampfdrohnen des Imperiums hindurchrasen? Und werden all die Versprechungen auf *Immersiveness* bloß momentweise Kirmes-Kicks auf dem Jahrmarkt der digitalen Innovationen bleiben oder werden wir durch sie andere Erzählformen finden für die ältesten Geschichten, die wir uns seit *Odyssee* und *Ilias* immer wieder neu erzählen müssen – total immersives Theater und Gesamtkunstwerk, von dem ein Wagner sich kaum träumen ließ? Die Antwort auf die Frage, was geht, wird nicht zuletzt in dem liegen, was gewünscht und gewollt wird. Schon deshalb sollten wir mehr wollen, anspruchsvoll nicht nur bleiben, sondern es, mit Blick auf Potenziale des Digitalen, überhaupt erst werden.

Für ein paar Pixel mehr

Süß singen die Sirenen der Zukunftsmusik, doch ein Blick in die Rumpelkammer der einst vielversprechenden Technikträume kann ernüchtern. War die Eroberung der dritten Dimension für die Flachbildformate Kino und Fernsehen eine Revolution? – Deutlich nicht. Öffnete die 5.1.-Surround-Technik der Erfahrung konservierter Musik eine neue Welt? – Eher nein, in ihrer Begrenzung auf 2D und Stereo erweisen sich diese Formate als ausgesprochen robust. Wir werden noch viel erleben auf der zweiten Hälfte von Mr. McAfees Schachbrett der digitalen Revolution. Je mehr wir sehen, in je dichterer Folge uns neue digitale Spielzeuge präsentiert werden, desto mehr lernen wir auch, mit den Technikversprechen und Innovationseuphorien gelassener umzugehen. Das neue Smartphone hat nun eine dritte Kamera: Manche Kunden sehen darin keinen Fortschritt mehr, sie haben ja schon zwei. Vielleicht erleben wir gerade eine Zwischenphase einer gewissen Ermüdung, was die Verbesserung der doch schon viele Generationen lang verbesserten Endgeräte angeht. Vielleicht auch kommt das Beste erst noch, wir wissen es nicht. Aber viel spricht dafür, an den Wert kommender Innovationen einen Maßstab anzulegen, der mehr anzeigt als nur die Eigenschaft von etwas, neu zu sein. Vielleicht gerade, wo es um Kunst und ästhetische Erfahrung und um ein Zusammenspiel von neuer Technik mit gelegentlich sehr alten Inhalten und Gegenständen geht, vierhundert Jahre alte Musik, zweitausend Jahre alte Monumente und Statuen, Geschichten aus fernen Orten und Zeiten. Hier kommt es auf Differenzierung, Dichte und Tiefe an, die uns die digitalen Zugänge ermöglichen, und da ist neu nicht gleich gut. Aber auch nicht gleich schlecht.

In dieser banalen Feststellung steckt ein Appell an die Akteure der vielschichtigen Kommunikationsprozesse im Bereich der Künste – die Vermittler, Künstler, Gatekeeper, Distributoren, Produzenten –, den Zukunftsdiskurs mit Blick auf ihren Inhalt mitzugestalten, statt sich vom Neuen nur überfahren zu lassen oder ihm hinterherzulaufen. Dürfte man von Menschen, die sich professionell mit Kunst beschäftigen, nicht einen besonderen Sinn für die Bocksprünge der Fantasie erwarten, die Überraschungen des kreativen Vermögens? – Kunst, verstanden nicht als Museumsbestand, sondern als die Kunst des Andersdenkens? Daran also wäre der Wert des kommenden Neuen zu messen, und ein paar Pixel mehr, eine höhere Auflösung in Bild und Ton, eine Minikamera am Revers des Dirigenten, die Illusionierung eines Dabeiseins, die nehmen wir gern mit.

Vor allem aber ginge es darum, die Dynamiken der digitalen Revolution als Treibmittel für fällige und überfällige Prozesse des Wandels zu nutzen, also sie erstens zu verstehen, zweitens den Katzenbabybildern und den zynischen Gurus von unterkomplexen Wirkungsweisheiten das Feld nicht zu überlassen; drittens die Potenziale, die im großen Netz stecken, im Sinne des eigenen Inhalts zu erkunden; viertens beherzt Hirn und Geld in neue Konzepte zu investieren, Digitalisierung nicht mehr als nicht verstandenes, aber irgendwie notwendiges Übel halbherzig und inkompetent neben den eigentlich wichtigen Themen mitlaufen zu lassen; fünftens Geduld und langen Atem zu verbinden mit der Bereitschaft zum »Change im Change«: zu lernen, und das Gelernte auch anzuwenden, aber ohne hysterischen Kurskorrekturaktionismus. Letztens: den Transformationsdruck der Digitalisierung als Chance auch für den analogen Betrieb zu begreifen.

Wir haben gesehen, wie sehr gerade der Kulturbetrieb von Vergangenheit nahezu behext ist. Vielleicht, weil man sich so sehr mit sehr alten Gegenständen befasst, verstanden als Erbe, das es zu hüten gilt. Und recht so. Aber zu dumm, wenn Inhalt und Form verwechselt werden: Wie wir die Kraft womöglich jahrhundertealter Kunst für eine bedürftige Gegenwart sichtbar und spürbar machen, muss eine Sache avanciertester Technik und bester Ideen sein, nicht im Sinne abgestandener Innovationsrhetorik (es klingt hier gerade so), sondern inspiriert von der Kunst selbst, oder jedenfalls abgeleitet aus ihren Impulsen. Man müsste ja nur genauer hinhören, hinsehen, lesen: Die Auswege aus den allfälligen Verlegenheiten, wie etwa, nur als Beispiel, Beethoven, der große Innovator, in seinem großen Jubiläumsjahr, auf den großen medialen und institutionellen Bühnen zu würdigen wäre, sie würden sich wohl auftun.[30] Aus den hier gesammelten Beobachtungen und Überlegungen erscheint eine in beide Richtungen geschärfte Perspektive wünschens- und einem sklerotischen und oft ratlosen Betrieb empfehlenswert: auf den Gegenstand und seine Einzigartigkeit, und mutig voraus und offen für die noch ungeahnten Möglichkeiten seiner Verbreitung, Erschließung, Kontextualisierung. Eine in diesem Sinne entschiedene Haltung würde vielleicht am Ende noch ein paar Altlasten der analogen Welt neu zu betrachten helfen. Etwa organisatorische: statt die Digital Departments der großen und ehrwürdigen Institutionen entweder als Anhängsel des »eigentlichen« Tuns zu unterschätzen oder sie als Projektionsfläche und Symbolfeld für irgendwie Innovatives zu überschätzen; statt interne Konkurrenzen zwischen den Verteidigern ihres guten Inhalts zuzulassen, die vom Digitalen nichts wissen wollen, und den sich hinter ihrer IT-Kompetenz verschanzenden »Onlinern«, die gern für sich in Anspruch nehmen, von diesen Inhalten nichts zu verstehen, aber eben deshalb den Adressaten und ihren Erwartungen und Bedürfnissen näher zu sein. Der Rat wäre mithin: den Inhalt ebenso durchgehend mitzudenken wie die Dimensionen des Digitalen – horizontal, vertikal, umfassend. Nicht digital dumm sein, weil man inhaltlich so schlau ist; nicht inhaltlich zu verblöden, weil es das Internet anders nicht zuließe. Beides Quatsch.

Zwei Richtungen also zugleich im Blick haben? Nein, drei.

Pipelines am Ende

An einer dritten Seite der Entwicklung sitzen nämlich die, von denen bisher noch kaum die Rede war: User, Endkunden, Adressaten, Zielgruppen, das Publikum, »die Menschen«. Menschen sind kompliziert, das waren sie immer schon. Das Internet aber hat sie zu wesentlichen Akteuren in den kommunikativen Prozessen gemacht. Sie sind längst nicht mehr nur Empfänger, sie senden zurück. Kommentieren, feedbacken, verteilen Herzchen oder Daumen; sie teilen, was ihnen gefällt und was nicht. Sie kuratieren selbst und bedienen sich Eingriffsverfahren aller Arten, samplen, mischen, rekontextualisieren, rekombinieren alles Gegebene und digital unkompliziert Verwendbare in liebevollen oder bösartigen *Memes*; sie kreieren ein aktives kommunikatives Umfeld, das die alte Vorstellung von der Pipeline, die zwischen Sender und Empfänger den Inhalt durch Röhren aller Art pumpt, gründlich über den Haufen geworfen hat. Partizipation, die Verwandlung des Empfängers in einen Sender, ist eine der zentralen Neuerungen des Netzes. Der Sachverhalt ist bekannt, der reale Umgang damit aber ähnelt den Mustern des Fremdelns und Nichtverstehens, die wir bereits ausgemacht haben. Wo der User nicht als Contentlieferant selbst die wesentliche Wachstumsgröße von UGC-Plattformen ist oder es um die Vermessung seines Konsumentenprofils geht oder um ein auf Markenstärkung einzahlendes Community-Building, ist die Tatsache, dass Menschen zurücksenden, eine schwer berechenbare Größe und wird deshalb argwöhnisch betrachtet. Sie sind Störung im kommunikativen Prozess, und je ambitionierter, wohlüberlegter gesendet wird, desto störender. Das ist so weit verständlich, wenn auch nicht sehr schlau, und kann und wird auch so nicht bleiben, gerade da nicht, wo es um ästhetische Erfahrungen geht, zu denen sich der Mensch gern verhält, für die er Worte sucht und die er gern teilt. Das Bedürfnis ist groß, zuweilen größer als die Expertise, es genügt schon, in der analogen Welt ein wenig mitzuhören, was in Ausstellungen und Konzertpausen so gesprochen wird. Wie viel Halb- und Nichtverstandenes hat jedes Bild an der Museumswand schon anhören müssen, und wer will behaupten, selbst immerzu Kluges zu kommentieren. (Das Kunstwerk habe keine Ohren, mag man einwenden; stimmt, gottseidank. Aber was, wenn nicht nur wir die Werke, sondern die Werke uns betrachteten? Wie im Zoo, wo die Tiere ja auch zurückschauen. Nicht auszudenken.) Nun lehrt erstens die Erfahrung, dass noch kein Rembrandt oder Picasso durch die Einstrahlung von Unsinn schlechter geworden ist, und zweitens wäre ja eine kluge Feedbackkultur eine Bereicherung. Dem widerspricht nicht die keineswegs dünkelhaft gemeinte Feststellung, dass nicht jeder Beitrag gleich viel wert ist und wir uns vor Hass und Verächtlichmachung sowieso schützen müssen. Es bedeutet aber auch, dass die oben skizzierten Aufgaben und Kriterien einer guten Kuratierung auch für den Umgang mit allen Arten und Wegen partizipativer Kommunikation gelten müssen; auch in der weiterhin weitgehend unkuratierten Welt draußen. Vielleicht ist an dieser Stelle ja noch Raum für ein wenig Hoffnung auf einen Niveaugewinn im gesamten diskursiven System der Künste, gleich ob von Experten, Laien, Usern oder Rezipienten vorangetrieben; wie wunderbar, wenn eine differenzierte ästhetische Erfahrung begleitet würde von ebenso differenzierten Einlassungen: Zukunftsmusik, noch eine.

Das alles ist, von heute aus gesehen und mit Blick auf die realen Verhältnisse und Akteure, keine Kleinigkeit, aber, wenn Mr. McAfee richtig liegt, stehen wir ja auch erst am Anfang. Und gerade weil der Weg ein längerer sein wird, ist es sinnvoll, sich über die Richtung zu verständigen.

Wunderkammern. Kirchers Traum

Wir sollten uns überhaupt mehr wundern. Staunenkönnen ist eine Gabe, und sie hat es schwer, wo so viel Staunenswertes, aber auch, bei Lichte besehen, -unwertes auf uns einprasselt. Der Moment des Staunens fesselt unsere Aufmerksamkeit, und da, wo wir gefesselt werden, geschieht das üblicherweise, um uns etwas, im buchstäblichen oder auch übertragenen Sinn, zu verkaufen. Wir werden überall als Kunden bedient und haben gelernt, uns dagegen mit einer Schutzschicht aus Abgeklärtheit sozusagen zu anästhetisieren. Bloß nicht zu beeindruckt sein von den Gadgets und Zaubertricks, die die digitale Welt für uns bereithält. Dabei ist das Staunen ein wesentliches rezeptives Vermögen, und es soll hier am Ende der Vorschlag erneuert werden, dieses Vermögen wiederzugewinnen, indem wir den in jeder Hinsicht unendlichen Möglichkeiten des Internets eben nicht mit Strategien der Anästhetisierung begegnen, sondern sie ein wenig so betrachten wie die Besucher des 17. und 18. Jahrhunderts die Kunst-, Kuriositäten- und Naturalienkammern. Staunend, einlässlich, bereit, sich sowohl zu wundern, die Wahrnehmung zu schärfen, als auch das Einzelne an seinem Platz im großen Ganzen zu erkennen.

»Zu Studienzwecken sollte in der eigenen Studierstube ein Nachbau des Kosmos entstehen, um hier eine Ordnung im Kleinen zu entwerfen, die als Erklärungsmuster für das Große gelten konnte. Auf diese Weise versuchte man der unfaßbaren Vielfalt des Universums Herr zu werden.«[31] So fassen es, ausdrücklich, auch die

Instructionen für den Herumführer, die 1741 dem Publikum die Schätze der Naturalienkammer des Waisenhauses der Franckeschen Stiftungen in Halle erschließen sollten: »Da nun der Haupt Zweck ist, die große Welt (und zwar Natur und Kunst) allhier im kleineren beisammen zu haben.« Und alles nicht nur »zum Nutzen der hiesigen Schuljugend«, sondern auch anderer, »Gott und die Welt beßer und zeitiger kennen zu lernen«.[32]

Die Wunderkammer zeigt die Welt in ihrer Fülle, aber »im kleineren«, damit wir, auch jenseits der »Schuljugend« lernen, uns in ihr zurechtzufinden. Für die Pietisten von Halle war dazu die Erkenntnis Gottes wesentlich; uns genügen vielleicht schon die Erstaunlichkeiten des Diesseits. Der weite Sammlungsbegriff der Wunderkammer – alles, was des Wunderns wert ist – öffnet den Blick für das absurde Nebeneinander von allem: Föten neben Fossilien, Albinoratten, Walkiefer und Wachsmasken großer Toter neben geschnitzten Straußeneiern, die spektakuläre Doppelnuss einer Seychellenpalme neben absurden Konstruktionen zur Belagerung von befestigten Städten. Was der barocken Perspektive verbunden erschien als bemerkenswerte Werke von Kunst und Natur, Geist und Gott, findet seine neulandmäßige Analogie in der überwältigenden Gleichzeitigkeit und zuweilen auch Absurdität von Suchergebnissen.

»Der Versuch, die reichhaltige und fremdartige Komplexität der Welt zu gliedern und zu erklären, war das Bestreben, das auch der Wunderkammer zugrunde lag – aber ebenso offenkundig war das Verlangen, in Dingen zu schwelgen, die man nicht verstand«, formuliert Hans

Mal sehen: die Kunst- und Naturaliensammlung der Franckeschen
Stiftungen in Halle / Saale

Ulrich Obrist[33] mit Blick auf den Barock – und in Vorah-
nung der Neulandentdeckungen unserer Tage.

Eine Auffassung des World Wide Web als Wunderkammer empfiehlt erstens, offen zu bleiben für die Vielfalt und den Reichtum dessen, was im Netz zu entdecken
ist; die Sinne zu schärfen, statt abzustumpfen oder zu
kapitulieren vor der Fülle. Sie kann, zweitens, helfen,
diese Fähigkeit zur Offenheit zu kombinieren mit der zur
Fokussierung: Die begrenzenden Wände der »Kammer«
voller ausgewählter, kuratierter, weniger Wundersames
ausschließender Inhalte geben im Kleinen eine Ahnung
von den größeren Zusammenhängen. Was wiederum
dazu ermutigt, sich in der erstaunlichen Fähigkeit zu
üben, wo Wissendurst und Erfahrungshunger mehr
wollen, dann gelegentlich auch durch Wände zu gehen.

Ganz ohne »Herumführer« aber wird dieser Schritt kaum möglich sein, wir kämen nicht einmal bis an die Wand heran.

Faszinieren kann die Feststellung, dass in den Wunderkammern der Frühmoderne die Gegenstände des Interesses noch nicht in die Schubladen »Kunst« und »Wissenschaft« einsortiert wurden,[34] sondern sich als Objekte, auf die sich eine offene Neugier richtete, vielfach vernetzten und begegneten. Der Jesuit und »Universalgelehrte« Athanasius Kircher fügte 1651 seine eigenen Sammlungen, Stiftungen und Nachlässe zum *Museum Kircherianum* im Collegium Romanum zusammen. Es ist der Traum, die Dinge und das Wissen der Welt zu ordnen – und verfügbar zu machen. Kircher soll eine Sprach- und Hörrohrverbindung aus der Sammlung in seine Wohnung installiert haben, um Besucher zu hören und die Sammlung zu kommentieren.[35] Die Besucher dürften sich über die Stimme aus dem Nichts ziemlich gewundert haben: eine früh einfallsreiche Form der Live-Vermittlung, die Stimme von oben. Oder besser: nebenan.

Hans Ulrich Obrist sieht die großen, gänzlich unüberschaubaren Sammlungen etwa des British Museum, des Victoria & Albert, des Metropolitan Museum und anderer als den Versuch, »die reichhaltige und fremdartige Komplexität der Welt zu gliedern und zu erklären«. Dies durchaus in Nähe zu den Ordnungssehnsüchten der Wunderkammern, aber ebenso aus dem »Verlangen, in Dingen zu schwelgen, die man nicht verstand«.[36] Wo bislang von Überforderung einerseits und den Chancen des Verstehens andererseits die Rede war, dürfen wir uns hier über eine dritte Möglichkeit des Umgangs mit Inhalten freuen: schwelgen, ohne zu verstehen. Heißt: angstfrei, ohne den Druck von Verstehensimperativen, Fülle genießend. Auch darin kann uns das Web, betrachtet als Wunderkammer, üben, weil es so viel enthält und nebeneinanderstellt, uns aber die Freiheit lässt, sich so oder so dazu zu verhalten. Dem Überschuss der gar nicht mehr beherrschbaren Menge statt mit Flucht und Abstumpfung mit Offenheit und heiterer »Inkompetenzkompensationskompetenz«[37] zu begegnen. Das wäre eben etwas anderes als dumpfer Rausch in unendlichen Räumen ohne Erklärung, ohne Sortierung, etwas anderes als die kurzschlüssige Annahme, dass Distanz das Erleben verhindert, Totalimmersion also als verhinderte Reflexion: nur staunen, nix verstehen.

Es geht wohl nur zusammen: Staunenkönnen als Treibstoff zum Verstehenwollen. Gelegentlich Dinge als Wunder zu erfahren, eben nicht zu verwechseln mit Wunderglauben.

Sinnliche Ungewissheit

Goethe, der die Morphologie der Welt, seiner Welt, erfassen wollte, sammelnd, ordnend, vergleichend, Zusammenhängen auf der Spur, der sich im zweiten *Faust* in ein derart dichtes Netz der Bezüge, Anspielungen, diskreten Illumination kaum ermesslicher Wissensschätze verstrickte, dass er das Ergebnis lieber für spätere Zeiten wegschloss, statt die Mitwelt damit zu irritieren[38] – Goethe hätte das Internet wohl gemocht, als Universalanregungsmaschine und weil es, richtig benutzt, manche Wege abkürzt. Er hätte sich natürlich mit den technischen Einschränkungen einer ästhetischen Erfahrung im umfassenden Sinn dessen, was er Anschauung nannte, kritisch auseinandergesetzt. Keine Frage, beziehungsweise wurde sie schon längst beantwortet: Einem Kunstwerk im Original gegenüberzustehen, eine Symphonie von einem wirklich anwesenden Orchester an einem dafür akustisch geeigneten Ort zu erleben, auch den Duft einer Pflanze einzuatmen, die Textur ihrer Blätter zu ertasten – solcher sinnlichen Erfahrung und Erkenntnis komplexer Gegenstände sind in der Sphäre ihrer digitalisierten Abbilder Grenzen gesetzt. Wann und wie weit sich diese noch verschieben werden, werden wir sehen, wenn die Vorspiegelungstechniken virtueller Wirklichkeiten weiter vorangeschritten sind. Einstweilen ist das Live-Erlebnis eines gelingenden Konzerts, einer Oper, auch einer bewussten Naturerfahrung, unschlagbar immersiv.

Verglichen damit bleibt die Erfahrung noch vor dem höchstauflösenden Bildschirm bloßes Bild, Surrogat. Wer diese Einschränkung als Generalargument gegen die Möglichkeit von ästhetischen Erfahrungen im Netz anführt, wie immer wieder zu hören, unterliegt wohl einem Missverständnis, letztlich einer Überschätzung dessen, was geht. Mehr als dabeisein geht nämlich nicht. Wie nah ein live gestreamtes Konzert, eine Oper, der virtuelle Gang durch ein reales Museum dem analogen Er-

Prominent da: Levit

lebnis kommen können – ohne es zu erreichen –, hängt an technischen Bedingungen der Produktion und Übertragung und dem, was VR-Brillen, Soundsysteme und andere »Endgeräte« können oder noch können werden.

Alles spricht dafür, dass etwa – um noch mal die Musik zu fokussieren – die Rezeption von Livestreams, deren Dichte steil zunimmt, für die sich aber noch kein Geschäftsmodell durchgesetzt hat (kostenpflichtige Formate müssen sich gegen Frei- und öffentlich-rechtliche Angebote behaupten), zu einer wesentlichen kulturellen Praxis der Zukunft werden wird. In den Wunderkammern des Internets befindet sich, unter vielem anderen, auch eine Weltbühne, auf der, Abend für Abend (oder in welchen Zeitzonen immer), einige der besten Orchester, Pianisten, Sänger zu erleben sind. Man wird wählen müssen, aber eben auch wählen können, zwischen dem

Prominent nicht da: Sokolov

guten und sehr guten; wer mag, kann im Vergleich sein Ohr schärfen oder die Handarbeit am Klavier beobachten oder auch nur auf Haarschnitte oder Ausschnitte achten. Und, wichtiger, dem Prozess der Entstehung eines gelingenden oder weniger gelingenden Abends beiwohnen, von der Spannung vor dem Auftritt des Dirigenten, über überraschende Encores, bis zur Reaktion des Saalpublikums. Im Detail erweitert sich der Horizont.

Solche Vergrößerung des Konzertsaals zur virtuellen Weltbühne hat aus Perspektive der Künstlerinnen und Künstler erhebliche Folgen: Noch sind die Reichweiten, gemessen an dem, was erreicht werden könnte, bescheiden; das aber wird sich ändern, und wer immer sich an einen Flügel setzt, sein Instrument in die Hand nimmt oder den Taktstock, muss eine Antwort auf die Frage finden, was es für sie und ihn bedeutet, nicht nur vor einem Saal, sondern potenziell vor einem Weltpublikum zu spielen. Natürlich macht es etwas aus. Nicht jede und jeder wird es wollen, oder nur gelegentlich; die Chance auf eine Wirkung weit über den Saal hinaus steht auf der einen Seite, das Risiko, dass ein flüchtiger Fehler um die Welt geht, auf der anderen. Manche gehen lässiger damit um, andere mit einem die Hysterie streifenden Wahn der Makellosigkeit, die Mehrheit bewegt sich dazwischen.

Ist das schlecht, ist es gut für die Kunst? – Je mehr die Verfügbarkeit von Live-Konzerten im Stream zunehmen wird, ist wohl von einer Zunahme der Fehlertoleranz auszugehen: Es wird zu einer Angleichung an die analogen Verhältnisse kommen, und das wäre wünschenswert. Ein Fehler bleibt ein Fehler, ob man ihn im Saal oder am Bildschirm wahrnimmt (oder, wie in der ganz überwiegenden Mehrheit, gar nicht). Wenn Live-Übertragungen selbstverständlicher, üblicher werden, mindert das den Druck auf den Künstler, und gut so, der ist ja schon groß genug. Das Livestream-Modell entwickelt sich sicher zu einer Normalität, aber das kann nur gehen mit der Bereitschaft, den individuellen Wünschen und Ängsten derer, die hier den Inhalt liefern, soweit es geht zu entsprechen. Aufnahmebedingungen, Kameraeinstellungen, das Honorar, eine Beteiligung am Erlös, ob und unter welchen Umständen und wie lang das Live-Ereignis in Mediatheken weiter verfügbar ist: Verhandlungssachen, die gelöst werden müssen, aber, so die Erfahrung, gelöst werden können. Ebenso wie die Frage, ob und in welchem Ausmaß die Dokumentation eines Live-Konzerts den Korrekturmaßnahmen einer Post-Produktion unterzogen werden soll. Auch hier gibt es sehr verschiedene Haltungen, vieles ist möglich, aber nach sagen wir zweihundert Korrekturen wird man nur noch bedingt von einem Livemitschnitt sprechen.

Verändert das Netz die musikalische Kultur? – Bestimmt. Wer Musik wichtig findet, wird die neuen Möglichkeiten, wo immer sie und er ist, am musikalischen Weltgeschehen teilzunehmen, begrüßen. Spannend bleibt die Frage, ob diese Globalisierung der Verfügbarkeit auch zu einer Globalisierung der Inhalte führen wird – weil es etwa einen Hang zu einem (unkünstlerischen) Nummer-sicher-Spiel fördert. Oder ob, bei so viel Vergleichbarkeit, die Risikobereitschaft zum Eigenen eher steigt und ob dies wiederum vor allem von künstlerischen Erwägungen getrieben ist oder vom Wunsch nach Wiedererkennbarkeit im Sinne einer Markenbildung in einem Weltmarkt der Musik. Ein Markt ist es, auf dem Genies der Präsenz wie Igor Levit neben Genies der Absenz wie Grigori Sokolov weiterhin ihren Platz haben und ihre Rolle spielen werden. Die Frage bleibt, ob es ein Supermarkt wird. Wir wollen es nicht hoffen.

Macht Sinn

Wir wollen etwas anderes hoffen. Zunächst, dass der italienische Philosoph und »Medienaktivist« Franco Berardi nicht recht behält, der eine von der digitalen Revolution überreizte Menschheit auf dem Weg in den massenhaften Suizid und das Ende der Demokratie und der freien Meinungsbildung durch die Fake-News-Attacken auf grundlegende Wahrheitsmaßstäbe heraufbeschwört. Weder menschliche Schwäche noch politisches Versagen sieht er als Grund: »Es ist die Technologie selbst, die eine anthropologische und psychologische Mutation hervorbringt, die völlig außerhalb des Einflussbereichs politischer Entscheidungen liegt.«[39] Berardi macht manchen relevanten Punkt, und bestimmt sind die Befürchtungen, die sich auf die technologische Umwälzung durch Digitalisierung richten, ernster zu nehmen als die Sorge, die die Hochgeschwindigkeitszüge der frühen Eisenbahngeschichte begleiteten, bei Tempo 35 müsste ein menschlicher Körper notwendig kollabieren.

Der hier vorgeschlagene Optimismus will derlei Warnungen gar nicht in den Wind schlagen. Er gründet aber, erstens und pragmatisch, in der Erfahrung, dass der Umgang mit neuen Medien immer erst zu lernen war und in der Vergangenheit ja auch ganz gut gelernt wurde. Zweitens, analytisch, darauf, dass selbst scharfe Alarmrufe wie der von Berardi ja keineswegs auf eine Alternative zielen: Wir *müssen* diesen Umgang eben üben, am WWW geht kein Weg mehr vorbei, da scheint es doch besser, seine Risiken mit den Chancen in ein klügeres Verhältnis zu bringen. Und sollte es gelingen, könnte die digitale Revolution, wie beschrieben, ein starker Motor nötiger Veränderungen sein, weit in die analogen Zustände hinein. Das Werkzeug liegt auf dem Tisch: Schlüssel zu Wunderkammern. Worauf warten wir?

Neben so einem *pragmatischen* Optimismus soll am

Ende noch ein – aus Sicht der Warner wohl prekärer – wenn man so will – *idealistischer* Optimismus als Haltung in einer fraglos unberechenbar, ja dunkler gewordenen Welt vorgeschlagen werden. Wenn die hier angestellten Überlegungen auf den Sonderbereich ästhetischer Erfahrungen zielten, die vielfältigen Einflüsse der Digitalisierung auf diese Erfahrungen selbst, aber auch auf ihre Vermittlung, dann aus dem Glauben daran, dass die Erfahrung von Kunst doch mehr ist als ein schönes Extra, sondern eine wesentliche Ressource für ein rares und empfindliches Gut: Sinn nämlich. Er scheint uns Einwohnern der Moderne und Postmoderne, vielfältig verstrickt und korrumpiert und verfangen in allerhand Widersprüchen, abhandenzukommen.

Für den Verfasser ist die Erfahrung von Musik, aber auch bildender Kunst, Literatur, Film, Architektur, Tanz tatsächlich eine Sinn-Ressource, als Erfahrung des Schönen und Quelle einer unabschließbaren Erkenntnis der weltlichen, vor allem menschlichen Verhältnisse. Mozarts oder Verdis Opern, Jean Pauls oder Balzacs oder Dostojewskis Romane, Mahlers Symphonien, Schuberts Lieder und Brechts Gedichte, Dürers Zeichnungen und Richters Malerei, und und und: Es soll hier kein Kanon aufgerichtet werden, denn es handelt sich dabei um persönliche Begegnungen, und viel mehr noch müssten solche Listen aufführen, Zeitgenössisches auch, oft auch Kleinigkeiten, nicht nur Groß- und Weltkunst.

Die Erfahrung von Kunst ist die Erfahrung von etwas anderem, oft Fremden. Gelingt sie, macht sie etwas Fremdes zum Vertrauten, erweitert die Möglichkeiten des Verstehens sehr fundamental, führt in andere Leben und Welten, erweitert den eigenen Horizont und lehrt Toleranz für andere Seins-, Denk- und Ausdrucksformen und eben auch und immer wieder: Komplexität. Darin steckt eine Menge Sinn, auch wenn das im Einzelnen für jeden etwas anderes bedeutet. Wie auch immer, wir brauchen diese Erfahrung wohl, so oder so, um an der Welt, wie sie ist, nicht zu verzweifeln. Deshalb steckt darin auch ein Quantum Trost, den brauchen wir auch. Das unendliche Internet ist keine bessere Welt, aber auch keine schlechtere, und weil sie uns mit so unendlich viel mehr konfrontiert, müssen wir lernen, klug zu wählen. Längst ist das Netz keine digitale Parallelwelt zur »eigentlichen« analogen, beide durchdringen sich, weit mehr als bloß im sichtbarsten Aspekt des Smartphones im Alltag.

»Hochkultur« wird man bald nicht mehr so nennen, aber anzunehmen ist, dass sie weiterhin »Bildungsgut« bleibt, ihr Konsum noch als Vehikel sozialer Distinktionsbedürfnisse funktioniert. Aber die erleichterten Zugangsmöglichkeiten, technisch ebenso wie inhaltlich, werden vor allem die Bedeutung als »Erlebnisgut« steigern. Was Musik angeht, tragen dazu auch neue Künstlergenerationen bei; Programme werden bewusster geplant, neue Intensitäten in der Spielhaltung entwickelt. Die ästhetische Erfahrung von Musik wird reicher, durch höhere Emotionalisierung, auch durch gute, gezielte Vermittlung und leicht verfügbare Information. Mehr Menschen haben mehr Zeit, auch für Musik. Je trostloser die industriellen Unterhaltungsangebote des

Medien-Mainstreams werden, desto wertvoller werden gute Inhalte, gut im Sinne von: Versprechen auf Tiefe, Horizonterweiterung, ohne negative Nebenwirkungen. Also mehr als bloß gute Unterhaltung, als Zeitvertreib, sondern als eine sinnvolle, sogar trostgebende Gestaltung von Zeit.

Kommt das Beste noch? Das wird sich auch daran entscheiden, wo die fast alles bestimmende ökonomische Logik Bedarf ausmacht. Bei Katzenbabys ist das schon der Fall. Was komplexere Gegenstände angeht, kommt viel darauf an, dass die daran Interessierten ihr Interesse auch bekunden und die Neugierde der Erreichbaren angeregt wird. Nicht unwahrscheinlich auf Wegen, die wir noch gar nicht kennen.

Während ich dieses Manuskript abschließe, befindet sich ein Teil der Welt in heimischer Quarantäne, das Virus zwingt zur Häuslichkeit. Innerhalb von Tagen wurde die Evidenz der digitalen Revolution dramatisch deutlich. Das »analoge« Leben, wie wir es kennen, wurde angehalten; wer kann, arbeitet im Homeoffice, Familienfeiern finden über Video-Chat-Gruppen statt. Erkennbar aber auch der Wunsch, die Musik möge nicht aufhören. In Italien singen Menschen von ihren Balkonen. Und per Stream verfolgen wir Konzerte ohne Publikum im Saal oder gleich aus dem Wohnzimmer.

Wie lang das so bleiben soll, weiß gerade niemand zu sagen. Die technisch vermittelte Aufrechterhaltung eines musikalischen Lebens ist nicht die erste Priorität, solange es um Menschenleben geht. Dann folgen die Sorgen um Ökonomie und Sozialität. Doch dass das, was wir ästhetische Erfahrung nennen und was konkret die Begegnung mit Kunst meint, in wie unterschiedlicher Erscheinung immer, eine Möglichkeit der digitalen Welt ist und nicht deren Negation, wird in diesen Tagen sehr klar, wo viele Optionen, die wir kennen, nicht mehr gelten. Was wird, liegt an uns.

Ist das schon Optimismus? – Ein vorsichtiger, ein angesichts der wirkenden Kräfte unheroischer, jedenfalls nicht schläfriger Optimismus, ja.

Was sonst?

Anmerkungen

Vorwort

1 Noch zur Zeit der Produktion dieses Buches werden wir
Zeugen einer anderen, unvorhergesehenen Umwälzung: Das
Corona-Virus legt gerade das öffentliche Leben lahm. »Nichts«
werde danach wie vorher sein, ist immer wieder zu lesen und
zu hören. Ist es noch eine Revolution? – Jedenfalls führt es
uns die Wirkungstiefe der Digitalisierung umso deutlicher
vor Augen, und das sehr schnell.

2 Grundsätzlich dazu: Ursula Brandstätter: Ästhetische Erfahrung. Veröffentlicht 2013/2012 in: KULTURELLE BILDUNG
ONLINE: https://www.kubi-online.de/artikel/aesthetische-
erfahrung (aufgerufen am 12.02.2020. Und weiter grundsätzlich: John Dewey: Kunst als Erfahrung. Deutsch von Christa
Velten, Dieter Sulzer, Gerhard vom Hofe. Frankfurt/M. 1987.

3 Thomas Nagel: Was bedeutet das alles? Eine kurze Einfüh-
rung in die Philosophie. Aus dem Englischen von Michael
Gebauer. Stuttgart 2012. Ab da als Reihentitel bei Reclam/
Stuttgart.

4 Was schon hier die Gelegenheit gibt, offenzulegen, dass der
Autor (Mit-)Gründer und Editor-in-chief des Start-up-Unter-
nehmens www.takt1.com ist, das 2015 in Dortmund gegrün-
det wurde und der Idee folgt, für den Gegenstand klassische
Musik eine umfassende Plattform zu entwickeln. takt1
verbindet die Dimensionen Bewegtbild, Audio, Bild, Text und
Hypertext und erweitert so die Zugangsmöglichkeiten reiner
Audio- und Video-Streaming-Plattformen. Die inhaltliche

Ambition einer sachkundigen und unabhängigen Kuratierung wird verbunden mit dem kommerziellen Modell eines Abonnement-Bezahldienstes. Man kann das für eine verwegene Idee halten. Doch an der Frage, ob, wann und in welchem Maße Menschen bereit sind, für Inhalte, für journalistische Qualität und professionelle Kuratierung nicht nur mit ihren Daten und der Bereitschaft, sich Werbemaßnahmen jeder Art auszusetzen, zu bezahlen, wird sich die Zukunft eines (so weit möglich) unabhängigen Journalismus entscheiden. Den Versuch, bezogen auf das Nischenthema Musik, ist es uns wert. Die folgenden Überlegungen zielen auf den weiteren Rahmen, sind aber von diesem persönlichen Hintergrund kaum zu trennen. Inwiefern dies als – nun einmal nicht auszuschließendes – Erfahrungsfundament in eigener Praxis oder als Eigeninteresse wertvoll oder problematisch zu bewerten ist, müssen die Leserinnen und Leser entscheiden.

5 Eine William Faulkner zugesprochene und von Stephen King energisch vertretene Aufforderung an Schriftsteller, sich nicht an die Lieblingsideen zu klammern (Stephen King: Das Leben und das Schreiben. Memoiren. Deutsch von Andrea Fischer. München 2011, S. 274). Der Rest des Zitats ist eine Anspielung auf einen »Kultfilm« des Regisseurs Russ Meyer, »Faster, Pussycat! Kill! Kill!«.

6 Felix Stalder: Kultur der Digitalität. Berlin 2016.

7 »Doof« im doppelten Sinn, nämlich einerseits taub und tumb dem Thema gegenüber, schnell zufrieden mit der floskelhaften Beschwörung von Wichtigkeit; andererseits aber auch dumm, sich auf seine Chancen nicht einzulassen.

8 Holger Noltze: Die Leichtigkeitslüge. Über Musik, Medien und Komplexität. Hamburg 2010.

9 Andrew McAfee: We Haven't Seen Anything Yet. Interview für Capgemini Consulting, 30.04.2013. https://www.youtube.com/watch?v=AZ5ePL36BbU (aufgerufen am 13.02.2020).

10 Vgl. Stalder, Kultur der Digitalität, S. 172.

11 Knurrig dazu Wolf Lotter: »Das Gelabere heißt im Fachjargon Content, was früher mal Inhalt bedeutete, aber das ist lange her. Content ist [...] also zur Ware gewordene Kommunika-

tion. Der Inhalt wird zurechtgemacht, aufgehübscht, ins Schaufenster gestellt und so vorgekaut, dass man ihn einfach schlucken kann.« (Wolf Lotter: Klartext. In: brand eins 02/20, S. 37–41, hier: S. 39)

12 Angela Merkel bei einer Pressekonferenz anlässlich des Besuches von Barack Obama (und des Skandals um das US-Überwachungsprogramm Prism) am 19.06.2013. Zu Zitat und Reaktionen s. z.B. die Berichte auf spiegel.de (https://www.spiegel.de/netzwelt/netzpolitik/kanzlerin-merkel-nennt-bei-obama-besuch-das-internet-neuland-a-906673.html) und zeit.de, wo der Satz in seiner vollen Länge zitiert wurde: »Das Internet ist für uns alle Neuland, und es ermöglicht auch Feinden und Gegnern unserer demokratischen Grund-ordnung, mit völlig neuen Möglichkeiten und völlig neuen Herangehensweisen unsere Art zu leben in Gefahr zu bringen.« (https://www.zeit.de/digital/internet/2013-06/merkel-das-internet-ist-fuer-uns-alle-neuland; beide aufgerufen am 14.02.2020)

13 Stalder, Kultur der Digitalität, S. 9.

14 Ebd., S. 11.

15 *Einer wird gewinnen*, von 1964 bis 1987 (mit Unterbrechun-gen) moderiert von Showmaster – ein Beruf, den es vorher nicht gegeben hatte – Hans-Joachim Kulenkampff. Siehe https://programm.ard.de/TV/3sat/einer-wird-gewinnen/eid_280072258919927 und https://www.daserste.de/unterhaltung/quiz-show/einer-wird-gewinnen/specials/kulenkampff-butler100.html (aufgerufen am 14.02.2020).

16 Berthold Seliger stellt fest, dass die *Tutti-Frutti*-Freizügigkeiten erst 1990 kamen, vorher gab es sogar Rostropowitsch und Dürrenmatt: was wenig kostete (ebd.: I Have a Stream. Für die Abschaffung des gebührenfinanzierten Staatsfernsehens. Berlin 2016, S. 26). Der Deutschlandfunk weiß zu berichten, dass der Sat1-Vorläufer PKS sein Programm 1984 mit, immer-hin, Händels *Feuerwerksmusik* unter Karl Richter aufnahm. (https://www.deutschlandfunk.de/die-anfaenge-des-privatfern-sehens.871.de.html?dram:article_id=127658; aufgerufen am 14.02.2020)

17 https://www.youtube.com/watch?v=4Y1lZQsyuSQ. Am
29. Juni 2019 15,4 Millionen Aufrufe. (Zuletzt aufgerufen am
14.02.2020; da waren wir die 16 688 550. Zuschauer.)

18 Felix Stalder zitiert eine der Liste der Optionen, die für
deutsche Facebook-Nutzer zur Auswahl steht: »androgyner
Mensch, androgyn, bigender, weiblich, Frau zu Mann (FzM),
gender variabel, genderqueer, intersexuell (auch inter*),
männlich, Mann zu Frau/MzF), weder noch, geschlechtslos«
und noch viele weitere (Kultur der Digitalität, S. 9).

19 Stalder, Kultur der Digitalität, S. 114.

20 Wolfram von Eschenbach: Parzival. Ed. Lachmann. Berlin
1965, 235, 24.

21 Und, die moderne Technik macht es möglich, man kann
auch *post mortem* noch besetzt werden: Angeblich plant die
Filmproduktionsfirma Magic City Films einen neuen Film mit
dem 1955 verstorbenen James Dean, komplett am Rechner
animiert. Siehe z.B. die Berichte im Rolling Stone (https://
www.rollingstone.de/james-dean-finding-jack-cgi-1795165/)
und bei zeit.de (https://www.zeit.de/zeit-magazin/leben/
2019-11/james-dean-animation-film-hollywood-finding-jack;
aufgerufen am 14.02.2020).

I. Kritik der digitalen Dummheit

1 Gerald Lembke und Ingo Leipner: Die Lüge der digitalen
Bildung. Warum unsere Kinder das Lernen verlernen.
München 2015, S. 7.

2 Manfred Spitzer: Digitale Demenz. Wie wir uns und unsere
Kinder um den Verstand bringen. München 2012, S. 128.

3 Ebd., S. 16.

4 Ebd., S. 20.

5 Ebd., S. 23.

6 Lembke/Leipner, Lüge der digitalen Bildung, S. 9.

7 Ebd., S. 217.

8 Ebd., S. 83.

9 Die Frage ist, ob wir die Idee der intrinsischen Motivation

nicht schon viel früher verraten haben, als nämlich alles und jedes auch schon in der Kindheit zu einem Wettbewerb wurde. Selbst im Kindergarten scheint Dabeisein nicht alles. Unsere Gesellschaft belohnt das agonale Prinzip über die Maßen, und wenn wir das unseren Kindern eintrichtern, halten wir es für eine Vorbereitung auf das sogenannte wirkliche Leben.

10 Lembke/Leipner, Lüge der digitalen Bildung, S. 110.
11 Jörg Dräger und Ralph Müller-Eiselt: Die digitale Bildungs-revolution. Der radikale Wandel des Lernens und wie wir ihn gestalten können. München 2015, S. 8.
12 Lernvideos vermitteln schon vor der Schulstunde den Stoff inhaltlich, die Lehrperson arbeitet dann nach. Vgl. Dräger/Müller-Eiselt, Digitale Bildungsrevolution, S. 72.
13 Gerhard Falschlehner: Die digitale Generation. Jugendliche lesen anders. Wien 2014, S. 14 und 19.
14 Ebd., S. 209.
15 Ebd., S. 96.
16 Ebd., S. 126.
17 Zitiert nach ebd., S. 204.
18 Niall Ferguson: »Wir stehen unter Beschuss«. Interview in Die Zeit, Nr. 25 vom 13. Juni 2019, S. 61 (= https://www.zeit.de/2019/25/niall-ferguson-historiker-freiheit-diskurs-universitaeten; aufgerufen am 15.02.2020).
19 Siehe dazu etwa sein Interview bei focus.de (= https://www.focus.de/politik/deutschland/bedenken-gegen-die-digitalisie-rung-etwas-im-ueberschwang-lindner-distanziert-sich-nach-datenskandal-von-wahlplakat_id_8917604.html; aufgerufen am 15.02.2020).
20 Rat für Kulturelle Bildung (Hrsg.): Alles immer smart. Kulturelle Bildung, Digitalisierung, Schule. Essen 2019, S. 13 (= https://www.rat-kulturelle-bildung.de/fileadmin/user_upload/Alles_immer_smart/RFKB_AllesImmerSmart_Web_ES.pdf; aufgerufen am 15.02.2020).
21 Ebd., S. 35 f.
22 Siehe https://www.bmbf.de/de/wissenswertes-zum-digitalpakt-schule-6496.php (aufgerufen am 15.02.2020).

23 Ebd.

24 Eckart Liebau: Kulturelle Bildung und digitale Souveränität. In: Rat für Kulturelle Bildung: Alles immer smart, S. 84–86, hier: S. 85 f.

25 Rat für Kulturelle Bildung, Alles immer smart, S. 17 und 18 f.

26 Der Text entstand als Reportage für die Frankfurter Rundschau, erschienen am 14.08.2014. Natürlich ist der Verkauf von Spiele-Hard- und -Software nur ein digitales Erlösmodell unter vielen, aber wahrhaftig kein kleines: In Deutschland wurden 2014 mit digitalen Spielen und Spielekonsolen / Hardware 2,67 Milliarden Euro umgesetzt. 2018 waren es bereits 4,4 Milliarden Euro. Siehe dazu: Bundesverband interaktive Unterhaltungssoftware: Jahresreport der Computer- und Videospielbranche in Deutschland 2014. Berlin 2015, S. 7 bzw. ders.: Jahresreport der deutschen Games-Branche 2019. Berlin 2019, S. 4 (= https://www.game.de/wp-content/uploads/2016/04/game-Jahresreport-2014.pdf und https://www.game.de/wp-content/uploads/2018/08/game-Jahresreport-2019_web.pdf; beide aufgerufen am 15.02.2020).

27 Friedrich Kittler: Grammophon, Film, Typewriter. Berlin 1986, S. 4.

28 Ebd., S. 6.

29 Stalder, Kultur der Digitalität, S. 18.

30 Ebd., S. 67.

31 Ebd., S. 97.

32 Ebd., S. 81.

33 Ebd., S. 89.

34 Siehe dazu https://www.faz.net/aktuell/wirtschaft/digitec/facebook-startet-bislang-groesste-werbekampagne-in-deutschland-16432798.html (aufgerufen am 22.02.2020).

35 Stalder, Kultur der Digitalität, S. 137.

36 Siehe dazu Habecks Erklärung auf seiner Website »Bye bye, twitter und Facebook« (= https://www.robert-habeck.de/texte/blog/bye-bye-twitter-und-facebook/; aufgerufen am 15.02.2020).

37 Stalder, Kultur der Digitalität, S. 160.

38 Ebd., S. 188.

39 Ebd., S. 194.

40 Auszug aus der »Digitalen Strategie« des Städel (= https:// www.staedelmuseum.de/de/digitale-strategie;aufgerufen am 22.10.2019).

41 Siehe die Objektseite der Digitalen Sammlung: https:// sammlung.staedelmuseum.de/de/werk/spricht-nicht (aufgerufen am 16.02.2020).

42 Laut Eigenauskunft von Google: https://www.google.com/ culturalinstitute/about/artproject/ (aufgerufen am 15.02.2020).

43 https://artsandculture.google.com/story/woman-reading-a-letter/nQLy9jBWKOb9IA?hl=de (aufgerufen am 16.02.2020).

44 https://artsandculture.google.com/project/360-videos (aufgerufen am 16.02.2020).

45 https://www.europeana.eu/portal/de/about.html (aufgerufen am 27.12.2019).

46 (Tust du aber nicht.)

47 Artikel unter https://de.wikipedia.org/wiki/Kenneth_ Goldsmith. Siehe auch die Selbstdarstellung unter http:// www.ubu.com/resources/ (beide aufgerufen am 16.02.2020).

48 Zu Goldsmiths Arbeiten siehe auch: »Einmal das Internet ausdrucken, bitte. ›Uncreative Writing‹ mit Kenneth Goldsmith«. In: Rheinische Post vom 19.07.2017 (= https://rp-online.de/ kultur/kunst/einmal-das-internet-ausdrucken-bitte_aid-19445179; aufgerufen am 16.03.2020).

49 Siehe http://www.ambrosiana.it/en/who-we-are/ambrosiana/ biblioteca/ und http://www.ambrosiana.it/en/who-we-are/ ambrosiana/pinacoteca/ (aufgerufen am 16.02.2020).

50 Siehe https://www.cinello.com/about-daw/ und https://app. cinello.com/en/catalog/product/8 (aufgerufen am 27.12.2019).

51 Anna Stumpf: Why Opera fits into the Digital Age. TEDx-Münster (= https://www.youtube.com/watch?v=G3qKNiy_ ssQ&feature=youtu.be; aufgerufen am 16.02.2020).

52 Nicht im Format eines TED-Talks, sondern in Stumpfs Blog: http://www.how-to-opera.de/fidelio/ (aufgerufen am 16.02.2020).

53 *Du bist die Ruh'*, D. 776, aus dem Jahr 1823.

54 Siehe seine Website: http://www.alexanderschubert.net/bio. php (aufgerufen am 16.02.2020).

55 http://wiki-piano.net/ (aufgerufen am 18.12.2019).

56 Einen Eindruck vermittelt die Meldung des Virtuellen Konzerthauses anlässlich der Verleihung des Annual Multimedia Award in Silber an die App (http://virtuelles-konzerthaus.de/ erste-auszeichnung-fuer-konzerthaus-plus/) bzw. die Dokumentation des Entstehung dieses Projekts (http://virtuelles-konzerthaus.de/das-virtuelle-quartett/; beide aufgerufen am 16.02.2020).

57 Eine mit Videos angereicherte Darstellung dieser Installation im Mendelssohn-Haus findet sich auf der Entwickler-Seite https://www.ableton.com/de/blog/mendelssohn-effektorium-orchestra/ (aufgerufen am 16.02.2020).

58 https://www.philharmonia.co.uk/digital/installations/re-rite (aufgerufen am 27.12.2019).

59 Zur Frage der Kreativität von Computern, die komponieren oder malen, siehe Hanno Rauterberg in: Die Zeit vom 12.12.2019, S. 57 f., der es in der Sache verwirft, das Faszinosum aber aus einer Sehnsucht nach irgendwie humanisierten Rechnern erklärt: »Denn das könnte ja bedeuten, dass sie uns, die antiquierten Menschlein, womöglich mit Nachsicht, vielleicht sogar mit Sympathie betrachten. Jedenfalls kann ein Computer, der sich auf klassische Kunst versteht, kein schlechter Kerl sein!« Aus Sicht eines Kunstkritikers zweifellos.

60 https://www.wnycstudios.org/podcasts/aria-code/about (aufgerufen am 22.12.2019).

61 Siehe https://de.wikipedia.org/wiki/Rhiannon_Giddens (aufgerufen am 17.02.2020).

62 Nachzuhören unter https://www.br.de/mediathek/podcast/das-starke-stueck-musiker-erklaeren-meisterwerke/anton-n-dvor-k-klaviertrio-dumky-1/1788473 (aufgerufen am 17.02.2020).

63 Eine Übersicht auf der Startseite https://soziopod.de/ (aufgerufen am 17.02.2020).

64 Einen Eindruck der veränderten Verhältnisse vermittelt eine vom Magazin brand eins veröffentlichte Übersicht. Demnach

entfielen 2018 auf Fernsehwerbung 48 % der Bruttowerbeauf-
wendungen in Deutschland (2008: 44 %), auf Print 27 % (2008:
47 %), Außenwerbung stieg von 4 auf 7 %, Radio blieb gleich
mit 6 %. Und Online stieg von einer 2008 nicht messbaren
(oder nicht erhobenen) Zahl auf 12 %. Print verliert also
beträchtlich, aber vom Kuchen ist offenbar schon noch etwas
übrig. (Quelle: *ping*. Kommunikation in Zahlen. Brand eins,
02/20, S. 51.)

65 Eli Pariser: Filter Bubble: Wie wir im Internet entmündigt
werden. Deutsch von Ursula Heldt. München 2012 (sehr
verkürzt auch als TED-Talk: Beware online »filter bubbles« =
https://www.ted.com/talks/eli_pariser_beware_online_filter_
bubbles/transcript#t-194996; aufgerufen am 18.02.2020).

66 https://de.statista.com/statistik/daten/studie/192804/umfrage/
taeglich-verkaufte-auflage-der-new-york-times/ (aufgerufen am
28.12.2019).

67 https://hundert11.net/zehenvergessend/#more-38268
(aufgerufen am 29.12.2019).

68 Siehe https://crescendo.de/2019-2020-rueckblick-und-
ausblick-1000039414/ (aufgerufen am 05.03.2020).

69 Zit. n. Christoph Wolff u. a.: Die Bach-Familie. Stuttgart 1993,
S. 320.

70 Zit. nach Siegbert Rampe: Carl Philipp Emanuel Bach und
seine Zeit. Laaber 2014, S. 393.

71 Siehe https://slippedisc.com/ (aufgerufen am 18.02.2020).

72 Vgl. Volker Hagedorn: Freiheit klingt immer anders. Die
Klassik-App »VAN« will unseren Umgang mit der Musik
revolutionieren: Raus aus dem Elfenbeinturm und rein
ins sinnlich-pralle, multimediale Vergnügen. 12.03.2015
(= https://www.zeit.de/2015/11/van-app-klassik-klassische-
musik; aufgerufen am 18.02.2020).

73 Am 06.02.2019 hatte das Magazin unter dem Titel »Der
Poltergeist. Wer hat Angst vor Daniel Barenboim?« deutliche
Kritik am Führungsstil des Dirigenten erhoben (= https://van.
atavist.com/daniel-barenboim). Der Deutschlandfunk griff das
Thema am gleichen Tag auf (https://www.deutschlandfunk-
kultur.de/berliner-generalmusikdirektor-schwere-vorwuerfe-

gegen.1013.de.html?dram:article_id=440353), Spiegel Online, der Tagesspiegel, der Bayerische Rundfunk und viele andere folgten.

II. Neulandvermessung: Transformationen

1 Noltze, Leichtigkeitslüge, passim, bes. S. 223–234.

2 Siehe Seliger, I Have a Stream, passim.

3 Eine kurze Chronologie der Napster-Geschichte findet sich auf Spiegel Online: https://www.spiegel.de/netzwelt/web/napster-kurze-wilde-geschichte-a-120469.html (aufgerufen am 19.02.2020).

4 John Seabrook: Ist der Streamingdienst Spotify Freund oder Feind der Musikindustrie? Tagesanzeiger Magazin, 14. Februar 2015 [zuerst engl. in: The New Yorker 2014].

5 Zitiert nach ebd.

6 Zur Erklärung dieses Geschäftsmodells siehe z.B. Britta Domke: Freeconomics? In: Harvard Business Manager 10/2009 (= https://www.harvardbusinessmanager.de/heft/artikel/a-655881.html; aufgerufen am 20.02.2020).

7 Siehe Seabrook, Ist der Streamingdienst …, a.a.O.

8 https://www.welt.de/kultur/article178526666/Neil-Young-Musik-ist-von-Apple-und-Spotify-kastriert-worden.html (aufgerufen am 02.01.2020).

9 Eine aktuelle Studie über intransparenten Umgang mit Nutzerdaten und die technische Manipulierbarkeit von Abrufzahlen: Maria Eriksson, Rasmus Fleischer, Anna Johansson, Pelle Snickars, Patrick Vonderau: Spotify Teardown. Inside the Black Box of Streaming Music. Cambridge 2019.

10 Siehe https://neilyoungarchives.com/account?screen=plans (aufgerufen am 20.02.2020).

11 Hasko Witte in Michael Stallknecht: In Vorleistung (= https://www.sueddeutsche.de/kultur/niedergang-des-klassik-markts-in-vorleistung-1.4633157; aufgerufen am 03.01.2020).

12 Ebd. Nur noch etwa 500 Exemplare werden mittlerweile von CDs weniger bekannter Künstler verkauft, erklärt der

Artikel, womit die Erträge natürlich massiv unter dem Deckungsbeitrag lägen.

13 Der Einbruch der Produktion von Klassik-Alben von 6632 im Jahr 2014 auf 4125 im Jahr 2018 lässt sich verfolgen auf https://de.statista.com/statistik/daten/studie/186711/umfrage/neuerscheinungen-von-klassik-tontraegern-in-deutschland/ (aufgerufen am 20.02.2020).

14 »Ich glaube an die CD und ihr Weiterleben«. Ein Interview mit Christine Lemke-Matwey, in: Die Zeit, Nr. 48, 21. November 2019, S. 70 (= https://www.zeit.de/2019/48/manfred-eicher-ecm-plattenlabel-musikproduzent; aufgerufen am 21.02.2020).

15 So Seabrook in seinem Tagesanzeiger-Artikel.

16 https://de.wikipedia.org/wiki/Spotify#Vergütung_der_Künstler (aufgerufen am 03.01.2020).

17 Michael Schlegel: Smart, aber dreckig. Die Zeit, Nr. 1 vom 27. Dezember 2019, S. 7 – auf Seite sieben!

18 Ebd.

19 Thomas Mann: Der Zauberberg. Roman. Herausgegeben und textkritisch durchgesehen von Michael Neumann. Große kommentierte Frankfurter Ausgabe, Band 5.1. Frankfurt a. M. 2002, S. 974 f.

20 Thomas Mann: Mein Wunschkonzert. Thomas Mann spricht über Musik, die er gern hört. CD. Der HörVerlag 2010 [Radiosendung SR 1954].

21 Mann, Zauberberg, S. 974.

22 Siehe dazu das »Kalenderblatt« vom 23.04.2005 auf BR2 (https://www.br.de/radio/bayern2/sendungen/kalenderblatt/jawed-karim-youtube-102.html) und Jürgen von Rutenbergs Artikel »Der dritte Mann« in: Die Zeit vom 19.10.2006 (=https://www.zeit.de/2006/43/YouTube-43/komplettansicht) sowie der entsprechende Wikipedia-Artikel (https://de.wikipedia.org/wiki/Jawed_Karim); alle aufgerufen am 07.03.2020.

23 https://www.youtube.com/intl/de/about/ (aufgerufen am 05.01.2020).

24 Immer noch relevant, vielleicht mehr denn je: Georg Franck: Ökonomie der Aufmerksamkeit. München 1998.

25 https://www.youtube.com/watch?v=KX1YtvFZOj0 (aufgerufen am 26.02.2020).

26 https://www.youtube.com/watch?v=sWuo1mweGkg (aufgerufen am 26.02.2020).

27 Rat für Kulturelle Bildung: JUGEND / YOUTUBE / KULTURELLE BILDUNG. HORIZONT 2019. Essen 2019, S. 7. Online: https://www.rat-kulturelle-bildung.de/fileadmin/user_upload/pdf/Studie_YouTube_Webversion_final_2.pdf (aufgerufen am 26.02.2020).

28 TikTok ist eine vor allem bei Jugendlichen beliebte Website und App, die es ermöglicht, (Musik-)Videos aufzunehmen, zu bearbeiten, mit Playbacks zu versehen und zu teilen. Zur Einordnung siehe https://www.klicksafe.de/apps/tiktok/was-ist-tiktok/ (initiiert vom Programm der Europäischen Union für mehr Sicherheit im Internet; aufgerufen am 26.02.2020).

29 Rat für Kulturelle Bildung, JUGEND, S. 46.

30 JIM Studie 2018. Jugend, Information, Medien. Basisuntersuchung zum Medienkonsum 12–19-Jähriger. Medienpädagogischer Forschungsverbund Südwest. Online: https://www.mpfs.de/fileadmin/files/Studien/JIM/2018/Studie/JIM2018_Gesamt.pdf (aufgerufen am 26.02.2020).

31 JIM Studie, S. 22. Erfragt wurde, welche Kanäle die Jugendlichen mehrmals die Woche oder täglich nutzten; die vier Kanäle waren vorgegeben.

32 Rat für Kulturelle Bildung, JUGEND, S. 47.

33 Dazu reiches Anschauungsmaterial bei: Lorenz Pöllmann / Clara Herrmann (Hrsg.): Der digitale Kulturbetrieb. Strategien, Handlungsfelder und Best Practices des digitalen Kulturmanagements. Wiesbaden 2019.

34 Sigmund Freud: Das Unbehagen in der Kultur. Und andere kulturtheoretische Schriften. Frankfurt / M. 1994.

35 Über die uralte Hierarchisierung der Sinne, der das Hören mehr gilt als das Sehen, vgl. Noltze, Leichtigkeitslüge, S. 95 f.

36 Zitiert nach Martin Geck: Beethoven hören. Wenn Geistesblitze geheiligte Formen zertrümmern. Ditzingen 2020, S. 113.

37 Die Bildplatte war in den 1970er Jahren einer der Versuche (neben z. B. dem Videokassetten-System, mit dem man auch aufnehmen konnte), ein endkundenfreundliches Verfahren für die Wiedergabe von Bewegtbildern zu lancieren. Siehe dazu den mittlerweile schon historischen Bericht von Gunhild Freese: Vision vom großen Geschäft. In: Die Zeit, 07.09.1973 (= https://www.zeit.de/1973/36/vision-vom-grossen-geschaeft; aufgerufen am 26.02.2020).

38 Vgl. Pierre Bourdieu: Die feinen Unterschiede. Kritik der gesellschaftlichen Urteilskraft (französisch: La distinction. Critique sociale du jugement. Paris 1979). Frankfurt/M. 1982.

39 Jürgen Kesting: Die großen Sänger. Zuerst in drei Bänden Düsseldorf 1986, in der auch wegen der vielen neu zugänglichen Quellen gründlich überarbeiteten und erweiterten vierbändigen Ausgabe Hamburg 2008.

40 Sheena Iyengar/Mark Lepper: When Choice is Demotivating: Can One Desire Too Much of a Good Thing? In: Journal of Personality and Social Psychology, 2000, Vol. 79, No. 6, S. 995–1006 (= https://www.researchgate.net/publication/12189991_When_Choice_is_Demotivating_Can_One_Desire_Too_Much_of_a_Good_Thing; aufgerufen am 27.02.2020).

41 Dan Meier: https://medium.com/@FactoryOptimizr/the-terrible-horrible-no-good-very-bad-state-of-classical-music-streaming-b348995c46b7; gesehen am 29.02.2020.

42 Im Januar 2020 aufgerufen.

43 https://www.qobuz.com/de-de/about (aufgerufen am 28.02.2020).

44 Siehe das Interview mit Paul Glader: https://www.forbes.com/sites/berlinschoolofcreativeleadership/2018/11/06/how-herve-boissiere-is-taking-classical-music-to-digital-audiences/#41d13b1a7f5d (aufgerufen am 11.01.2020).

III. Was geht? Aussichten ins Freie

1 Zitiert nach Kittler, Grammophon Film Typewriter, S. 84.

2 Guido Zurstiege: Taktiken der Entnetzung. Die Sehnsucht nach Stille im digitalen Zeitalter. Berlin 2019.

3 Zurstiege, Taktiken der Entnetzung, S. 34.

4 Oliver Schmidt: Call for Papers. »Post-Digital Culture« (Online-Publikation), 31.12.2016, in: H-Soz-Kult, 15.01.2016, https://www.hsozkult.de/event/id/termine-29865, aufgerufen am 14.01.2020.

5 Oder den sympathisch gelassenen Verstehensvorschlägen des Soziologen Armin Nassehi: Muster. Theorie der digitalen Gesellschaft. München 2019. Etwa der klugen Unterscheidung zwischen Digitalisierung und der durch sie ermöglichten technischen Innovationen.

6 Michael Bhaskar: Curation. The Power of Selection in a World of Excess. London 2016, S. 42.

7 Ebd., S. 43.

8 Ebd., S. 7.

9 Ebd., S. 20.

10 Jens Hoffmann: (Curating) From A to Z. Zürich 2017, S. 11.

11 Hans Ulrich Obrist mit Asad Raza: Kuratieren!. München 2015, S. 36.

12 Ebd., S. 11.

13 Ebd., S. 11.

14 Ebd., S. 46.

15 Dazu ebd. S. 46 f.

16 Hoffmann, (Curating), S. 14.

17 Obrist, Kuratieren!, S. 13.

18 Bhaskar, Curation, S. 75.

19 Obrist, Kuratieren!, S. 191.

20 Ebd., S. 193.

21 Alfred Korzybski: Science and Sanity. An Introduction to Non-Aristotelian Systems and General Semantics. New York 1994 (zuerst 1933), S. 58. Unter Nichtsemantikern bekannt geworden ist die Sentenz auch durch ihre kreative Adaption in Jorge Luis Borges' kurzer Erzählung *Von der Strenge der*

Wissenschaft und Umberto Ecos parodistischer Analyse *Die Karte des Reiches im Maßstab 1:1*.

22 https://www.juliafischer.com (aufgerufen am 18.01.2020).

23 »Wie in der Werbung, bei Games, im Design, im Film und in der Musik erkennt die Kreativwirtschaft den Mehrwert des Immateriellen, des Symbolischen – den Wert also der herbeigeführten Emotion und (Ver-)Bindung, die ein Kunde mit einem Produkt verbindet. Diese weichen, aus dem Verborgenen auf den Markt zu befördernde Komponenten gelten vielen als Währung der Zukunft.« – https://mbei.nrw/de/hidden-values-die-waehrung-der-zukunft-berlin, aufgerufen am 08.03.20. Dazu auch Bhaskar, Curation, S. 83 ff.

24 Beethoven an Erzherzog Rudolph, 29. Juli 1819. Ludwig van Beethoven: Briefe. Hrsg. v. Hansjürgen Schaefer. Berlin 1974, S. 136.

25 Obrist, Kuratieren!, S. 16.

26 Dazu Noltze, Leichtigkeitslüge, passim, s. bes. S. 27 f. und 238–257.

27 Zurstiege, Taktiken der Entnetzung, S. 37.

28 Daniel Kahneman: Schnelles Denken, langsames Denken. Aus dem amerikanischen Englisch von Thorsten Schmidt. München 2012.

29 https://eu.steinway.com/de/pianos/spirio-selbstspielsystem, aufgerufen am 08.03.20. Wobei die naturgemäß teure, aber eindrucksvolle Technik auch ihren Sinn im avancierten Klavierunterricht haben kann: etwa um Fehler en détail hörbar zu machen, oder im Falle von interkontinentalen Masterclasses.

30 Leserbrief an die große Wochenzeitung, die das Big-B-Jahr mit einem vielseitigen Sonderteil eröffnet hatte: Der Leser habe etwas über den politischen, den unglücklich Verliebten, den Messi usw. erfahren, nichts aber zur Musik (Die Zeit, 4/2020, S. 18). Da hat der Leser etwas übertrieben, aber einen Punkt: Auf der einen Seite werden alle Neune (oder alle 32, oder die komplette Kammermusik, wie auch immer) abgebildet, hingestellt; auf der anderen, unter einigem Originalitätsdruck und um sich von solcher Einfallslosigkeit

abzusetzen, Bypässe ums Werk gelegt. Und irgendwie geht beides daneben.

31 Thomas Müller-Bahlke: Die Wunderkammer der Francke-schen Stiftungen. Halle 2012, S. 10.

32 Zit. nach Bahlke, S. 37.

33 Obrist, Kuratieren!, S. 57.

34 Vgl. ebd., S. 54.

35 Ebd., S. 56.

36 Ebd., S. 57.

37 Odo Marquard: Inkompetenzkompensationskompetenz? – Über Kompetenz und Inkompetenz in der Philosophie. In: ders.: Zukunft braucht Herkunft. Philosophische Essays. Stuttgart 2015, S. 30–45.

38 Man folge den Spuren, die die großen Kommentare von Albrecht Schöne (Frankfurter Ausgabe, Bd. 7, Frankfurt/M. 1994) und Dorothea Hölscher-Lohmeyer (Münchner Ausgabe, Bd. 18.1, München 1997) ausgelegt haben: beide von imponierender Gelehrsamkeit, und doch, wie der Vergleich erweist, nur zwei Möglichkeiten. Der Alte irritiert immer noch.

39 https://www.derstandard.at/story/2000113619341/medienphilosoph-franco-berardidie-demokratie-ist-tot (aufgerufen am. 24.01.2020).

Bildnachweis

S. 12: Alexandra Draghici/iStock

S. 24: picture alliance/Henning Kaiser/dpa

S. 29: Otfried Preußler: Der Räuber Hotzenplotz. Illustrationen von F.J. Tripp – © 1962/2012 Thienemann in der Thienemann-Esslinger Verlag GmbH, Stuttgart (Ausgabe 2019: S. 47)

S. 71: Foto: bpk/Städel Museum. Werkrechte: © VG-Bild-Kunst, 2020

S. 79: Getty Images/The Washington Post

S. 82 und 83: Holger Noltze

S. 95: Christian Schulz

S. 123: Holger Noltze

S. 131: Getty Images/WireImage – Kevin Mazur

S. 164: Getty Images/Corbis Historical – Hulton Deutsch

S. 188: akg-images/Liverpool, Museum

S. 192: Granger Historical Picture Archive/Alamy Stock Foto

S. 195: picture alliance/KEYSTONE – Christian Beutler

S. 204: akg-images/München, Deutsches Theatermuseum

S. 205: Regina Schmeken/Süddeutsche Zeitung Photo

S. 222: picture alliance/Waltraud Grubitzsch/dpa-Zentralbild/ZB

S. 226: snapshot-photography/F. Boillot/Süddeutsche Zeitung Photo

S. 227: picture alliance/dpa – Horst Ossinger

Holger Noltze
Die Leichtigkeitslüge
Über Musik, Medien und
Komplexität

294 Seiten mit 19 s/w-Abb.
Nur als E-Book lieferbar.
Euro 13,99 (D)
ISBN 978-3-89684-490-3 (E-PUB)
ISBN 978-3-89684-491-0 (PDF)

»Kunst und Kultur sind Geschenke. Aber man bekommt sie nicht geschenkt.«

Beethoven, Bach oder Boulez stellen Ansprüche. Der gute
Gedanke der Vermittlung liegt da nah, doch allzu oft gerät sie
zur furchtbaren Vereinfachung. Denn in die Klassische Musik,
in Hochkultur überhaupt, muss man Zeit und Konzentration
investieren, um beglückende Erfahrungen zu machen. Und wenn
man sich auf Musik einlässt, mit Neugier und Entdeckerlust, lernt
man etwas, was wir heute mehr denn je brauchen: den furcht-
losen Umgang mit Komplexität.

www.edition-koerber.de

Körber
Stiftung

Gesellschaft
besser machen

Mehr erfahren: www.koerber-stiftung.de
Mehr erleben: www.koerberforum.de
Mehr lesen: www.edition-koerber.de

Mehr Bäume.
Weniger CO$_2$.

www.cpibooks.de/klimaneutral